河出文庫

正直

松浦弥太郎

河出書房新社

はじめに

あの日あの時の気づきというのは、過ぎてしまえば、他愛ないことばかりだけど、思い返してみると、足し算、引き算となって、そのひとつひとつが今の自分をかたち作ってきた。嬉しかったこと、つらかったことなど、成功や失敗など様々ある。それらはいつしか自分の心の引き出しの奥にそっとしまい込んできた。

そんなプライベートな軌跡の記憶をひとつずつ取りだしてみようと思っている。なぜなら、自分が今まで何を見て、何を感じ、道を迷いながらもどんなふうに、その一歩一歩を踏み出してきたか。それを自分なりに確かめ、いわばこれまでの自分の生き方を一冊の本のようにして、向き合ってみようと思ったからだ。

その目的は何か。僕は次の一歩を踏み出す前にぜひ自分の生き方を見つめ直し改善したいのだ。改善というと、これまでの自分を否定するようだがそれは違う。僕は今、四九歳になり、来年には五〇歳を迎える。五〇歳からの人生を考えた時に、これまでの惰性で生きてゆくのではなく、一度しっかりと自分を点検し、自分をよく知るというメンテナンスをした上で、必要ならば修正をし、曇った眼鏡を拭くようにして、自分のほこりや汚れを落として、新しい一歩を踏み出したい。

自分の欠点を責めて、無理に直そうということではない。欠点があるなら、その欠点を認めた上で、これからの自分のポテンシャルを伸ばしていきたい。

三〇歳なら三〇歳のメンテナンスがあるだろうし、四〇歳なら四〇歳のメンテナンスがあるだろう。そのために僕は、この本のタイトルでもある「正直」という、心のどこかにきっと残っているだろう機能を働かせてみたい。

とはいえ、自分が今まで何を見て、何を感じ、どんなふうに、一歩一歩を踏み出してきたかは、簡単にとりだすことができるかどうかわからない。手さぐりだったり、遠回りしながらではないと見つけられないような気もしつつ、けれども、それはもしかしたら多くの人とシェアできることではなかろうかと感じている。

「あ、そういえば僕もそういうことがあった」とか、「同じだ」とか、「そんな感じだったからこうだったんだ」みたいな、それこそ気づきという宝ものをシェアし、読者のちからになれたら嬉しい。

ふと思うのだが、多くの学びは、どちらかというと成功談よりも失敗だったりとか、つらい思いをしたとか恥をかいたとか、そういうことから生まれているのではなかろうか。

学びの根底にひとつのこんな考えがある。それは、この世界で起きていること、または存在することで、自分に関係ないことはひとつもない、ということだ。

みんなよくこう言うだろう。それは自分に関係ない。しかし、いついかなる時でも、それを言ってしまったら、人生投げ捨ててしまうようなことになるだろう。

自分に関係ないことはひとつもない。学び、そして好奇心を持つこととはそういう姿勢だと思うし、無関心というのは一番怖いというか、生きる上で一番注意しなければいけないことである。自分に関係ないことはない。そう思えるか、思えないかで、自分自身の成長の差は大きいと僕は言いたい。

今の時代を生きる上で、注意しようと思っていることがもうひとつある。それは仕事においても暮らしにおいても、自己完結しがちになってしまうことだ。たとえば、今日もていねいに。ひとつひとつに心を込める。これはとても素晴らしい意識であるけれど、ていねい。そして心を込める。それで自分はしあわせ、これで正しい、と納得してしまうのは、注意すべき落とし穴のようなものだ。できれば、もう一歩先まで心を働かせること。すなわち、なぜていねいにしたいのか。なぜ心を込めたいのか、と考える。なぜという疑問の先に、広い社会、たくさんの人の姿なりを思い浮かべ、そこに届くように想像し、行うということが大事だと僕は思っている。そうすると、自分に関係ないことはひとつもないと自然と思えるようになるだろう。心の働きは循環し、きっといつか自分に戻ってくる。

何度でも言いたい。仕事なり暮らしなり、決して自己完結で終わらせないこと。本書では、そのために自分はどうしたらよいのか。それをこれからみなさんと一緒に考えていきたい。

正直　目次

自分の友だちは自分

ひとりなら、どこへでも行ける。

はじめてそう感じた時の解放感。新しい世界が拓ける予感。

この感覚は少年の頃の僕の心にしっかりと刻まれ、以来、自身の核のようになっている。人生の羅針盤みたいに変わらぬ位置に、「ひとりであること」が刻み込まれている。ひとりであることで感じる不安感や寂しさは、若さの特権でもある心と身体が身軽である自由さで打ち克った。

「孤独を引き受けて生きる」なんて、考えることすらない少年時代。僕はそれを手探りの中で体感して、今もずっとお守りにしている。

人は皆ひとり。そうだ。孤独とは人生の条件。何事もひとりから始まるという原理原則を、ある日僕は受け入れた。

出身は東京中野の鍋屋横丁。新宿の歌舞伎町に近いのに、まだ昔ながらの下町っぽさが濃厚に残る場所。長屋みたいなアパートで僕は育った。

二畳ぐらいの板間の台所。トイレはあるけど、お風呂はない。六畳一間に両親と姉と僕の家族四人、川の字になって寝ていた。朝になれば布団を畳んで、そこがリビングルームにも子ども部屋にも応接間にもなる。こう書くと、なんと貧しい生活だろうと思う人もいるかもしれないが、当時はそんな暮らしがひとつも珍しくはなかった。

アパートには八家族住んでいて、同じ年頃の子どもたちもたくさんいた。同い年の子、少し歳上の子、少し歳下の子。僕らはいつも、一緒に遊んだ。ただぼんやりしている時も、決まって誰かしらが横にいた。

アパートの人間関係は濃密だ。大人同士でも、ほかの人の部屋へ自由に出入りしていた。他人の家の引き出しの中身まで知っているくらいだ。

路地、空き地、公園、駄菓子屋。町内であればどこに行っても知らない人はいなかった。隣の部屋の晩ごはんが肉じゃがだとか、下の部屋がいつも夫婦喧嘩をしているとか、角の部屋のお姉ちゃんがお母さんに叱られたなんて話も、全員が共有していた。

「弥っちゃん、どこ行くの？」

誰もが僕を知っている世界はあたたかく、たいそう安心感があった。

安心が居心地の悪さに変わったのは、小学校五年生くらいだったろうか。

きっかけは子どもっぽい、ささやかなことだったかもしれない。たとえば、僕は野球をしたくても、遊び仲間のみんながドッジボールだといえば、従わなければならなかった。あるいは、今日はひとりで壁にボールをぶつけていたいと思っても、「一緒に遊ぼう」と言われたらそれは許されなかった。

不自由とまでは言わなくても自由ではなかった。プライバシーなんて概念すらなく、そのくせ〝暗黙のルール〟のようなものが支配する濃密なムラ社会が、たまらなく面倒に思えた。いつも同じ仲間で群れていることに、嫌悪感が芽生えた。誰もが成長期に味わう、〝近しい日常〟に対する軽蔑だったのかもしれない。

僕は親に対する反抗心というのをあまりもたない子どもだったけれど、じわじわとコミュニティに対する反抗心が頭をもたげてきていた。ある日を境に、僕はいっさい町内で遊ばなくなった。自転車に乗って、ひとりで町外へ遊びにいくことにした。


自転車で、どこへでも行った。ペダルを漕いで、冒険に出かけた。

漕ぐたびに知らない世界に近づき、近づくほどに、自由が広がった。

知らないエリアの公園。知らないざわめきがある繁華街。

新宿の歌舞伎町や、中野ブロードウェイはすぐそばだったけれど、ちょっと足を延ばせば渋谷、原宿にも行ける。馴れてくると、一時間かけて池袋まで行ったし、巨人軍の練習風景が見たくて、半日がかりで多摩川グラウンドまで遠征したこともある。

ひとりだから、「どこに行く?」と相談する必要はなかった。

「今日は近くの空き地に行こうぜ」という歳上の子に、従う必要もなかった。

ひとりで決めて、ひとりで出かける。

ひとりであちこちまわり、ひとりで帰ってくる。

子どもだから、何をするというわけじゃない。お金もないし、使い方もわからない。ただ、ひたすら自転車を漕いでいるだけ。ただ、街を見ているだけ。

それでも、遠くへ行けば遠くへ行くほどワクワクしたし、空気の違う世界があることを知るだけで、たまらなく嬉しかった。

＊

あなたは「ひとり」を味わったことがあるだろうか？

買い物にしてもお昼ごはんにしても、「ひとりじゃ嫌だ」という人はたくさんいる。仕事や勉強、考えごとといった〝孤であること〟が必要な営みをする時にも、「誰かと一緒がいい」と思う人は少なからずいる。

たまさかひとりになると、「友だちもいない、さびしい人だと思われているのではないか」と、まわりを気にする人もいるだろう。つねに誰かと意見交換をし、「みんなと同じ」と確認せずにはいられない人もいるかもしれない。

だが、誰かと一緒にいれば、すべてが解決するのだろうか？

自分の違和感、さびしさは、誰かによってぬぐい去られるのだろうか？

僕はそうは思わない。ましてや、自分らしく生きたい、自分の夢を叶えたいと思うのなら、なおのことだ。

大人になって思うのは、子どもの頃からの僕の得意は「ひとりでいること」だということ。何かに長《た》けているわけでもなく、特別に考え深いわけでもない。ただ、子どもの頃にひとりの楽しみを知り、やがてひとりの厳しさを味わい、いつしか「誰かといてもひとり」という姿勢を会得したのではないかと感じる。

高村光太郎の詩の中に「自分の手に負えない自分がいる」という表現がある。この詩を知ったとき、なんと達観した客観的な見方だろうと驚いたが、忘れられない言葉だ。それはまさに自分のことだと、とても共感ができたからだ。

誰かと向き合うには、まず自分と向き合わねばならないし、自分という人間に興味をもち、面白がらなければ、人に興味をもつこともできない気がする。


自分にとっての友だちは自分。

ひとりであることを、受け入れる。内にこもるわけでもなく、まっすぐ自分を見つめる。ありのままの自分を知る。これがすべてのはじまりではないだろうか。

少なくとも、生涯別れることのない友とは、誰にとっても自分だと思う。

人に笑いかけるのはそれからだ。

一対一が基本

一対一になること。

これは僕が何かをする際、まず最初に考えることである。

何事も一対一からはじめる。当たり前のようだが、このことを意識するかしないかの違いは大きい。僕はこんなふうに思う。一対一には、必ず何かしら約束のようなものが生まれる。その約束は言葉にするものではないかもしれないが、お互いの心と心で結ぶフェアプレイの約束のようなものかもしれない。その約束を確かめたところに、次の一歩がある。

まずは、一対一で話すこと。人と対峙する上での、基本姿勢だと思っている。

*

子ども時代の自転車の冒険は、ちょっと大袈裟に言えば、知らない場所に〝違うもの〟として自分を放り込むことだった。

知らない場所へ出かけていくと、違う空気を吸って、違う水を飲んで、自分が別人になれるような気がした。

だが、よく考えてみれば、外の世界にいる人にとっては、空気も水もいつもと同じもの。僕のほうが〝違うもの〟なのだ。僕たちは外国に行くと、「外国人だらけだ！」と思うけれど、外国の人にとっては僕らが「外国人だ！」というのと同じことだろう。

ともあれ僕は、違う世界にワクワクする子どもだった。五歳ぐらいの頃からひとりで銭湯に行っていたけれど、行きつけはつくらなかった。当時は半径五〇〇メートル以内に三つか四つは銭湯があったから、その日の気分でいろんな銭湯のお湯に浸かる。たいていの人は行きつけの銭湯があるから、ちょっと離れたところへ行くと、必ず違う学校の子どもたちがいて、縄張りみたいなものがある。

たったひとりの僕は、「よそから来た者」というのが一目瞭然。その違和感が、すごくワクワクして、たまらなかった。

知らない場所にひとりで行き、なんとなくすっと入り込み、媚びず、馴れず、でも自分の居場所をつくる。その場にうまく溶け込むけれど、自分らしさを失わない。その秘訣を見つけたのは、そんな小学生の頃だ。

自転車に乗って自分のエリア外の公園などへ遊びに行くと、決まって警戒される。「見かけないやつが来ている」とチラチラ観察される。

僕としては興味があって話しかけてみるのだけれど、相手がグループでも二人組でも大概は無視をされた。いじめられはしないけれど、攻撃モードで身構えられた。公園に行っても、繁華街に行っても、同い年くらいの子どもたちに話しかけては失敗した。

いやな思いを味わいつづけて、ある時、ふと気づいた。よく探すと、どこにでもかならず、ひとりでいる子どもがいることに。意識的にひとりの子どもを探して話しかけてみると、思いがけないことが起こった。

「おまえ、何年?」

「六年」

「そう。俺、五年。何してんの？」

一対一なら、なんの構えもなく、すんなりと会話が始まったのだ。他愛ない話しかしなかったけれど、そこには確かな手応えがあった。

大勢の中に僕がひとりで行くと無視されていたが、一対一なら大丈夫。

仮に街のグループ対グループだったら、ちょっとした対立構造みたいになっていたかもしれないが、一対一なら大丈夫。ささやかかもしれないが、これは僕にとって今でも大発見だし、宝物みたいな秘訣だ。そう、ひとりには自由という強さがある。

高校を中退してアメリカをさまよっていた一〇代から二〇代、僕はこのやり方で、居場所を見つけていった。知らない街に行き、まず、最初に話しかける誰かを探す。目印は〝ひとりの人〟。一対二もだめだし、二対二もだめだし、一対三もだめ。だけど、一対一ならどんな人とでも人間関係がつくれる。

失敗と成功を重ねながら、僕はこのやり方の効力を確信するようになっていった。「どこに行ってもひとりでいる人を見つけて、一対一で向き合えば大丈夫」だと。

おまけにアメリカという〝違うもの〟だらけの国は、見知らぬ人同士が気さくに挨拶をする習慣があった。エレベーターに乗り合わせれば挨拶をするし、すれ違う時に見知らぬ人に、「素敵なシャツだね」と気軽に言える。その心地よさに励まされ、僕はますます、一対一からはじめる人間関係づくりに夢中になったのかもしれない。

もちろん、一対一であればすべてが美しいストーリーになるわけではない。たとえば、知らない人から友だちみたいな口調による電話がかかってきたことがあった。孤独を感じている時に女の人から「よかったら二人で映画の話をしましょう」と言われたら、僕だって心が揺れた。いそいそと待ち合わせの場所に行ったら、相手は三人くらいで待ち構えていて、危うく高額商品を買わされそうになった、なんていう苦い思い出もあった。

しかし、その時も僕はひとりだったから、逆に納得できた。「誰のせいでもない、自分に隙があったな」と、丸ごと受け止めることができたのだ。

＊

「一対一でなければ前進しない」

仕事の場では、特にそう感じる。あるアイデアを提案したい、商品を買ってもらいたいという時、相手を紹介してくれるという仲介者と二人で行ったり、知恵がある人たちとチームを組んで行ったりして、それはそれで何かしらの事は起きるのだろうが、いつも数人で動くプロジェクトというのはいかんせん歩みが遅い。責任の所在が分散されるのも気持ちの入り方に違いがでる。

プライベートで関係を深めたいという場合も、同じだろう。こちらが二人か三人、向こうも二人か三人で話をしていても、まったく得るものはない。盛り上がることはあるけれど、その場だけ。お互いに「何かを得た」と実感することはほとんどないといっていい。共有というのはある時、足かせにもなる。信頼、理解、約束、共感。これらはすべて、一対一で向き合った時にしか、生まれないものではないだろうか。

一〇〇パーセントは無理だけれど、僕は「ここぞ」という時、いかなる手段を使ってでも一対一にこだわり抜くと決めている。人と人が向き合い、目と目を見つめ合い、話し合い、心と心を開く。これは一対一でしか果たせないことだと信じている。

たとえば、僕のことを否定している人に自分の思いを伝えたい時、もしくは誰かを説得したい時、できるかぎり、一対一で話ができる場を設ける努力をする。結果はわからないし、思い通りにいかないこともある。相手の気持ちも立場もあるだろう。だが、一対一で向き合った結果であれば、どんな結果でもお互いに納得ができる。成功しなかったとしても、ベストを尽くしたと思える気がする。

極端な話をすれば、総理大臣でも大統領でも、一対一で話せば、人間同士として、なにかしら面白い話ができると思う。秘書や側近、スタッフがいない部屋で二人きりで何か話せば、それだけで二人だけの秘密ができる。

どんなにえらい人だろうと、どんなポジションの人であろうと、一対一で話した時に生まれる〝ほんの小さな約束〟を大切にすれば、その先の道が生まれるのではないだろうか。ひとりであることは無敵であるとさえ僕は思う。

例えば、知らない街を散策して、ひとりでいるお年寄りに「こんにちは」と話しかけるのもよいトレーニングだと思う。パーティにひとりで行って、ひとりで来ている人に話しかけるのは、ベーシックな人間関係の作り方のひとつだろう。

あらゆる人間関係は、ひとりでいることがスタートだ。一対一がすべての基本であり、一対一にチャンスがある。

僕はたまたま孤独に強いタイプだけれど、これはキャラクターには関係ない。さびしがりやの人も、人なつこい人も、人間関係とは、一対一で向き合うことから始まり、育まれるのだ。

横のつながりや縦のつながりを密にしていくのはいいことだと思うけれど、常に自分はひとつの点であるべきだし、点で動いていくしかない。それはいわば、いつでも自立しているということだ。何事にも依存しないで、まずは自分で考える。自分で判断する。自分で行うということ。

点で動くほうがフットワーク軽く身軽でどこへでも行ける。

「普通」から抜け出す

「普通」という言葉ほど、違和感を感じるものはない。

それはほとんど呪文であり、時として自分の個性を閉じ込める箱になる気がする。

「普通」という言葉に安心を覚える人もたくさんいるのかもしれないが、はたして普通とはなんなのだろう？

普通であることと、普通でないことの違いはなにか。普通であることは、前例があるということ。馴じみのあること。普通でないことには答えは無い。僕はそこに無限の可能性と魅力を感じている。

いつも考えることは、目の前のもの、こと、すべてに対して、普通ではないことは何だろうかということだ。いわば、新しいことは何かと考えることだ。

＊

あれは幾つになった頃なのか。僕がなにかをするたびに「普通はこうしないだろう」とか「普通はこうするのよ」とか「これは普通なんだよ」という言葉がついて回るようになった。

何が普通で何が普通でないかが、わからない。「普通じゃない＝よくないこと」なのかと、疑問に思っていた。

親のことは尊敬していたし、まわりの大人は好きだったけれど、彼らがしばしば口にする「普通」という言葉は、僕にとってさっぱり理解できないものだった。

中学に行くようになると、「普通」は強制とすらいえるパワーを携え、校則になっていた。先生たちが口を揃えて言う。「普通」＝「らしさ」。中学生らしい髪型、中学生らしい服装、中学生らしい振る舞い。やっぱりそれもわからなかったけれど、学校は校則以外にも「普通」という縛りが支配する世界だった。

普通はこういう服を着て、普通は友だちとこう遊んで、普通はこんな言葉遣いをする。誰が決めたわけでもない、生徒手帳に書いてあるわけでもない。でも、校則以上にキツい縛りの「普通」は存在していた。

今の時代で言うならば、みんながやっているゲームをし、みんなが使うアプリを使い、みんなが着ているような服を着ることを、無言で強制される。この頃、「同調圧力」という言葉が使われるけれど、普通が支配する雰囲気は、僕が一〇代の頃からあったのだ。「普通」は「みんなと同じ」であった。

次第に僕は、「普通」という言葉を使う大人や先生に対して、目を光らせるようになった。「また言ってるのか」と、嫌悪するようになった。

同級生に対しても、嘘だろう、と感じ始めた。

「常に大多数意見の中に自分がいないといけないなんて、嘘じゃないか」と。

本当はみんな意見が違っていいはずだし、そもそも違うはずなのに、わざと大多数でまとまっているという安心感に浸っている。そんな姿を見ると、たまらない気がした。僕のような、たまに少数意見を口にする人がいると、無理矢理に大多数の枠の中に入れ込もうとする感じが、いやだった。

僕はたいした悪さもしなかったし、いわゆる不良少年ではなかったけれど、自分を抑えられない子が好きで、彼らと友だちになった。「普通」を押し付けられると我慢できず、爆発してしまう不良たち。言いたいことを言い、やりたいことをやる問題児。そんな彼らがとても自由に見えた。僕は彼らが好きになった。だからといって、僕は仲間にはならなかった。あくまでもひとりでいることを好む少年だったからだ。

*

あの頃、「悪い子」とされた友だちは、普通からはみだしていた。それだけ魅力的で輝いていた。

大人になって思うのは、普通からはみだすことは、自分を信じることであり、自分の中にある新しさの発見につながるということだ。

みんなと一緒という輪の中から抜け出し、自分の道を歩き出す。年齢にかかわらず、これが自立であり、自分らしさを見つける旅の始まりなのではないだろうか。

僕は正直、恐る恐るだったけれど、勇気を出して、いつしか輪の中から出る生き方を選んでいた。ひとりで。

「最低にして最高」を知る

「なぜ、なに、なんだろう?」

すべてに関心と疑問をもつことは僕の基本の姿勢であり、世界の扉を開く好奇心という名の魔法の鍵だ。

子どものような平明さで、何も知らない目でものごとを見る。答えはひとつではなく、無限にある。だから、すべてに関心と疑いをもつ。見えているものだけで判断しない。見る角度には、表も裏も横も斜めもある。外側だけではなく中身もある。

しかし、「そんなふうに子どもの無邪気さをもちつづけているんですね」と言われたら、少し違う気がする。僕はただ、「ほんとう」という、探しものをつづけているだけだ。

＊

「なんで大人はこうするんだろう?」

「世の中はどうしてこうなんだろう?」

子どもの頃は、ずっとそんなことを考えていた。懐疑心が強い子どもだったから、あらゆることに疑いを抱いた。

幼い頃は、〝絶対の答え〟が自分の外側にあって、誰かが教えてくれるものだと思っていた。たとえば、鼻が長い動物はゾウ、寒い朝には手袋をすること、1+1=2、雲は綿あめではなく水蒸気のかたまり。

歳上の子どもや姉、両親や先生が、ちゃんと答えを与えてくれた。

「人はなぜ生きているのか」。やがて、僕が抱く疑問の中には、大人であっても答えられないことがたくさんあることを知った。成長し、与えられた答えで満足できなくなっている部分もあった。とおりいっぺんの言葉では腑に落ちず、「本当のことはなんだろう?」とずっと考えつづけていた。懐疑心どころか猜疑心が強かったのかもしれない。世の中のほとんどが嘘ばかりと思っていた。

だからいろんなものに好奇心をもち、いろんなところに出かけ、いろんなものをじっくりと見ていたのだと思う。

今思うと、僕が探していた「ほんとう」とは〝きっとすてきなこと〟だったような気がする。

絶対的な正しさ、いのちの現れ、普遍の真理、信じて生きていける指針に憧れが混じったもの。これが僕の中では漠然と、〝きっとすてきなこと〟になっていた。すてきなこととは、なんなのかわからない。それなのに、すてきでないと感じるものを、「とにかく、これがルールだから従いなさい」と押し付けられる。

大人になりかかる時代に、誰もが感じる息苦しさなのかもしれないが、学校でルール化されていることは正しさじゃないと思っていた。正しくすらないのだから、すてきなことにはほど遠い。

大袈裟に言えば、自分が何を信じて生きていったらいいのか、毎日悩んでいた。誰も答えてくれる人はいないし、そもそも答えはないのかもしれない。結局、辿り着いた答えは、自分で確かめるしかないということだった。

「これなあに？」「どうして？」「なんで？」そういう問いかけを、他人にどれだけしてみても、聞く人の数だけ答えがある。どの答えを信じたらよいのだろうか。結局、他人を頼らずに自分のちからで確かめるしかない。ああ、人間は孤独だなと実感したのは、その時だったと思う。

少しも寂しいとは思わなかった。ひとりぼっちであるとも思わなかった。自分と向き合った手応え。そして、それはこれからの人生における決意のような答えでもあった。依存という外側への意識ではなく、自分の内側に目を向けたはじめての体験だったかもしれない。

中学生で、「孤独だ」と感じた瞬間、同時に心がふっと楽になったことを、今もよく憶えている。

偶然にも、そんなふうに迷子になった僕が辿り着いた言葉は、詩人の高村光太郎の、

「最低にして最高の道」。

高村光太郎の詩集にある言葉だ。この言葉が、僕にちからを与えてくれて、曇っていた心の色を透明へと変えてくれた。自分が信じるに足る〝きっとすてきなこと〟がそこに集約されていた。

最低と最高というのは常に同居していて、どちらも本当の価値がある。これは僕にとって、生涯を変えてしまうほどの衝撃的な発見だった。それは、善と悪、美と醜、正常と異常というように。

なぜなら、これまで教わってきた〝正しいこと〟は、「みんなと仲良くせよ、恰好よくあれ、一〇〇点をとれ」といった最高という偏ったステージを目指すものだった。

しかし、人間は最高と同時に最低の部分ももっているものだと光太郎は言う。それが美しいとさえ言う。

自分の中の最高と最低を認め、受け入れ、向き合うことが生きるということだと、初めて知った気がした。最低にして最高。これぞ、ほんとうのこと。とてもすてきなことではないだろうか。

最低と最高が同居する人間。最低と最高が同居する生き方。これが僕にとって、〝自分のルール〟をつくるうえでの、原点となった。

そうだ。絶対の答えが外にないなら、自分のルールをつくればいいのかもしれない。ルールとは与えられるものではなく、自分でつくるものだとわかった。

正直親切笑顔

「正直親切」とは、人生の理念といえる僕の大切なルールであり、目指すものであり、迷った時の道しるべでもある。そこにもうひとつ加えたいことがある。それは「笑顔」である。僕は「正直親切笑顔」を人生におけるルールにしている。

*

本が好きな子どもだった。特に好きだったのは伝記。野口英世、リンカーン、キュリー夫人、ガンジーといった偉人伝だ。小説よりも、実在の人物の物語に惹かれた。

とはいえ子ども時代は野球も好きだったし、自転車で出かけたり、外で遊んだりするのも同じくらい好きだったと思う。

じっくりと本を読みはじめたのは中学生。すべてに疑いを抱き、〝きっとすてきなこと〟を探しはじめた頃だ。

「誰かの人生や、先人たちのおこないに、何かのヒントがあるのではないか？」

そんな気がして、毎日のように図書館に通った。もしくは、習い事をさぼっては、本屋さんに行って、立ち読みもずいぶんさせてもらった。

はじめはやはり伝記を読みまくっていたのだが、やがて道がそれた。デール・カーネギーやナポレオン・ヒルのような自己啓発の始祖が書いた成功哲学もかなり読んだ。エドガー・ケイシーのような精神世界の本、はては聖書やお経まで読みあさるようになった。

ちょっとでもすてきかもしれないと思うところには、どんどん引っ張られ、手を伸ばして、影響をうけた。でも、その世界に入っていって実像が見えてくると、

「これは違う」と思って引き返したりした。

あらゆる書物を読んだすえに、こう感じた。

「やっぱり人なんだな」

波瀾万丈の出来事じゃなく、哲学でもなく、宗教でもない。僕が求める〝すてき

なこと〟を教えてくれるのは生身の人なんだと、漠然と感じた。

「正直親切」とは、花巻の山口小学校のために、僕のメンターにもなった詩人の高村光太郎が書いた言葉だ。

ある日、展覧会で額に入ったその言葉を見た時、僕ははじめて〝きっとすてきなこと〟を見つけたような気がした。

感覚的にこれが真実だと思った。自分がどうあるべきか、どうありたいか、どう生きたいか、答えに近いようなものがわかったと感じた。

生活のスタイルは人によって違う。できる・できないというのは才能によって違う。お金持ちもいれば、生活苦の人もいる。みんなそれぞれ持って生まれた違いはあるけれど、「正直親切」というのは、誰にでも自分次第でできることではないか。

誰に接する時も「正直親切」という生き方を貫けば、あれこれと悩むことはなくなる気がした。正直親切に生きれば、それだけで十分なのかもしれないという気持ちになった。正直親切という理念を、自分の目標にすればいいと思った。この言葉に出会っていなければ、今の自分はなかったと思う。

「正直親切」は、いまだ色褪せることなく自分の中に刻まれている。それどころか、年をとればとるほど、この言葉は輝きを増していく。僕の職業は「正直親切」であるとさえ思っている。おそらくそれは、大人になればなるほど、正直親切であることの難しさを思い知るからだろう。

正直な顔はできる。親切なふりもできる。

でも、正直親切を貫いて生きることは、ほんとうに難しい。

僕にだって弱さや欲望がある。認めたくないこともあれば、身勝手な都合もある。

「自分のなにかを失ってまで、人に親切でいられるのか?」

「自分のすべてをさらけ出して、正直でいられるのか?」

この問いを突きつけられたら、うろたえる。

中学生の頃は「こんなシンプルなことなら誰にでもできる」と思い、それゆえに説得力を感じたのだが、それは僕が純粋だったからではない。

若い頃というのは、できてなくてもできている気がしてしまう。意図せぬままに、自分で自分をごまかすことができるのだ。ものごとの輪郭は捉えられても、本質まで辿り着けないことも多いためだろう。

しかし、大人になった僕は、もう自分をごまかせない。

ごまかしの利かない目で自分を見てみれば、僕はまだ、完全なる「正直親切」にはほど遠い。〝きっとすてきなこと〟を、まだまだわがものにできていない。

だが、できていなくても、「正直親切」をいつもお守りとして持っているだけで、ずいぶん違う気がしている。

「何があっても自分が立ち返る場所がある。自分には人生の理念がある」

そう思うだけで、安心できるのだ。

たとえば人とコミュニケーションを取るとき、「正直親切」を常に心がけ、大切にしていれば、人に何かをもらうのではなく、自分から相手に与えることができる。

自分の仕事のすべては「正直親切」が下支えになっている。つまるところ、「正直親切」は、僕の原動力といえる。

僕たちはみな、人とかかわって生きていく。その際には、自分の意思をきちんと伝え、自分は何を大切にしているかをわかりやすく表明し、わかってもらった上で協力しあうほうがいい。

その意味でも「正直親切」という言葉はお守りになる。松浦弥太郎という人間が何を大切にしているかを、実にシンプルに伝えることができるからだ。

生涯お守りにできる言葉に巡り合い、抱きしめていられるのは、しあわせなことだと感じている。僕はたまたま高村光太郎に教わった「正直親切」だけれど、人それぞれ、ぴったりの言葉にふさわしいタイミングで出会う気がする。

そして、「笑顔」である。言葉の通じない外国にいても、今そこで自分が何もできなくても、「笑顔」だけは人に与えることができるだろう。少し乱暴な言い方だけど、何があっても大抵のことは「笑顔」で解決できると僕は思っている。病気だって治してしまうだろうと思っている。

僕はいつでも「笑顔」でたくさんのことを乗り越えてきた。

だから、今こう思う。「正直親切」に「笑顔」を加えたい。

「正直親切笑顔」で生きてゆく。

スイートスポットを見つけること

建築現場の肉体労働。喫茶店の厨房やウェイター。ビラ配り、引越屋、食品の販売もビルの掃除もやった。

学校生活に馴じめずに高校を途中で辞めて定職に就かなかった僕は、あらゆるアルバイトをして若い日を過ごした。

向かない仕事もあったし、一日で辞めたこともある。

ちょっと時給がいいというだけで、やりたくない仕事を続けたこともある。

失敗、うまくできないこと、後味が悪いこと、恥ずかしいこと。何かでごまかさなければどうしようもなかった経験が、幾つも浮かんでくる。

「一生をかけて、本当にやりたいことに出会いたい」

僕は必死でその答えを探し、職を転々としていた。食べていくためもあった。

＊

テッド・ウィリアムズという、アメリカの野球選手がいる。史上初の四割打者として名を馳せた彼のバッティング理論をまとめた本は、僕にとって学ぶところが多い一冊だ。

ストライクゾーンというのはとても広い。しかし、そのストライクゾーンの中の「自分のスイートスポット」に球が来たときしか、彼はバットを振らない。

普通の打者なら、ストライクゾーンに来たすべての球を打ちにいくが、自分のスイートスポット以外は見送るという潔さが、彼を類いまれな打者にした。

自分の絶対的に得意な場所、そこに集中して思い切り振る。僕もそんな仕事がしたいと思っている。あれもこれもと手を出さず、自分で発見した「ほんとうの得意」に集中したいと思っている。

仕事にはいろいろあり、ストライクゾーンは案外広い。タイミングがうまく合えばヒットが打てるかもしれないし、とりあえず塁に出ることは可能かもしれない。

しかし、ホームランを打ちたいのであれば、バットを振るのは自分だけのスイートスポットに絞り、狙いを定めることが必要だ。

それには、どこが自分のスイートスポットかを知らねばならないが、方法はただひとつ。まずはストライクだと思う、すべての球を打ちにいくことだ。たくさんのストライクゾーンの球を打ちまくって、たくさん失敗した経験が、自分だけのスイートスポットを抽出してくれる。とにかく振ってみないと、どこが自分にとってのスイートスポットかはわからない。

当たらないかもしれないのに打ちにいくのは、勇気がいるし、恥もかく。三振に終わるかもしれないし、当たっても飛ばないかもしれない。

ストライクゾーンにスポットが一〇〇あるとしたら、スイートスポットはそのうち三くらいではないだろうか。

あまりに少ないと感じるかもしれない。僕も「嘘だろう」という経験をたくさんした。自分ではできると思っていても、できないことがたくさんあったのだ。

悲しいけれど、「それが大好きでも才能はない」と気づくこともあるだろう。

しかし誰にでも自分のスイートスポットは、きっとある。振っているうちに間違いなく手応えを感じ、自分の能力を発揮できるスポットを見つけることはできるはずだ。

最初の感触がつかめたら、あとはそれを突き詰めて、さらに確かめ、精度を上げていけばいい。まずはとにかくバットを振り続けていくことだ。三振の数が増えようと気にしなくていい。

＊

社会人になり二〇代、三〇代はあらゆる球に手を出す時期だ。それが若き日々の「やるべき仕事」でもある。手にできた豆が破れるくらい振りまくればいい。

就職している人は僕ほどあれこれやらないと思うが、同じ会社の同じ部署でも、違う球が飛んできたら打ちにいこう。そのためには、いつも打席に立ち続けることが大切だ。いつでも打席に立つ意識を持つべきである。

四〇代になった時、ぼんやりとでも自分のスイートスポットが見つかっていれば、頼もしい。ホームラン王にならなくても、自分にだってなれると信じて、四割打者を目指す。

「そんなこと言っても、見つかりません」という人は、最初からスイートスポットを求めすぎているのかもしれない。ボール球に手を出して無様な三振という経験をせずに、一足飛びにスイートスポットを探そうというのは無理な話だ。

「自分には何が向いているのか、どんな才能があるのか」

机に向かってそう考えているのは、思慮深いのではなく時間の無駄だ。

僕はしっかりと時間をかけることが大切だと信じているが、時間は有限だ。悩むことより経験という名の練習に時間を費やすほうが正しいと思っている。

「本当にやりたいことが見つからない」というのもよく聞く台詞だけれど、そんなことは、悩むどころか考える必要すらないとも思う。

やりたいことを探したいなら、「できること探し」から積極的に始めよう。

やりたいことは願望だから、かなり自由なだけ現実的ではない。

「これが私のやりたいことだ！」と見つけた気がしても、やってみたら全然うまくいかず、スイートスポットではなかったという結末も大いにあり得る。

二〇代の終わりにさしかかって「大リーグの選手になりたい！」というやりたいことが見つかっても、多くの場合、夢物語だ。このたとえは極端だから、当たり前だとみんな笑うだろうけれど、こと自分の話になると、同じくらい非現実的な願望を抱いたりする。願望は、自分の欲とつながっているから、子どもっぽいわがままと混ざってしまうのかもしれない。

「できること探し」の一番の道は、夢はかなうと信じて、なんでもやってみることだ。

あらゆることを試してみると、様々な感覚や精神的な度胸が養われると同時に、実経験という一番の力も助けになって、自分にできることがいくつかあるとわかるだろう。そのうち、最も人に喜んでもらえたことが自分のスイートスポットになる。

自分を喜ばせるのではなく、人を喜ばせること。

それが「自分にできること」であり、大切なスイートスポットだ。

なんでもやってみて確かめる

「成功の反対は、失敗ではなく何もしないこと」

このフレーズを聞いた時の衝撃は忘れない。

ニューヨークで暮らしていた頃に出会ったフレーズだから、アメリカ的発想なのかもしれないが、僕はこのひと言で、何事にもチャレンジする勇気を得た気がする。

なんでもやってみて確かめて、たとえ結果が悪くても、学ぶことが多かったらそれはれっきとした成功。

まずはチャレンジしてみれば、結果がどうあれ、また別の道やチャンスも見つかるだろうし、必ず次につながるものだ。

＊

思いついたことはすべてやってみる。

僕の二〇代から三〇代は、そんな時期だった。思いついたことがあればすべて紙に書き出し、全部やってみて、なんでも自分で確かめた。人に笑われるようなこともいっぱいあったが、自分ひとりでやるのだから、人に迷惑をかけるわけではない。「ばかばかしいこと、無駄なこと」と思われようと、へっちゃらだった。

アルバイト生活で貯めたお金を手に、僕はアメリカに行ってみた。

こう話すと、「どういう動機ですか?」と質問される。知らない場所に何があるのか確かめたかった、ただ、それだけだと思う。聞くのでなく、読むのでなく、そこに行って自分の目で知り、自分の身体で感じたかった。

サンフランシスコでは、「一日ひとり、新しい人と出会う」という日課を決めていた。

一日ひとりなら、一年で三六五人。その人の仕事でも、ハマっていることでも、天気の話だってかまわない。道を歩いていて、目が合ったらすぐ話しかけた。

とにかく英語ができなかったから、聞き手に回ることが多かったけれど、それもいい会話の勉強になったし、話そのものもおもしろかった。夜になって「あれ、今日は誰とも新しい人に会ってない」と思ったら、上着を着て、新しい人に会うために街に出た。小学生の頃、自転車で、知らない街に行ったように。

「マンハッタンの道という道を全部歩く」という日課をやったこともある。毎日、仕事のごとく、道という道を歩いた。世田谷区と同じくらいの面積と言われるマンハッタンは、碁盤の目のように区画が整理されているけれど、フィフスアベニューやセントラルパーク沿いの美しい通りばかりではない。イーストリバー沿いやハドソンリバー沿い、ブロンクスやロウワーマンハッタンといった〝端っこ〟に行けば、道は結構入り組んでいる。

八〇年代終わりは治安の悪い頃で、危ないエリアも多かったから、慎重に、勇気をもって歩いた。整備されていないでこぼこ道、ゴミだらけの道、悪路としかいいようのないところもあったが、ワクワクした。

やがて、歩くだけじゃ物足りなくなり、当時興味のあった本屋さんの地図を作ることを思いついた。電話帳の「ブックストア」のページをちぎり、一軒一軒、確かめて歩いた。

当時もガイドブックはあったが、自分の目で見たり、聞いたり、確かめることは、発見の連続だった。

本屋なら日本にもたくさんあるが、駅前の小さな店で、雑誌があってベストセラーがあって、奥に文庫本やマンガが置いてあるというスタイルがほとんどだった。僕の中にもそんな、画一化された書店のイメージがあった。

ところが、アメリカの本屋は一軒一軒、全部違う。店主の好みがセレクトに反映されていて、どの店にも同じベストセラーが並んでいたりしない。古書も新刊も莫大な量を扱っているユニオンスクエアの老舗。詩集が揃っている店、一九世紀の作家の初版本がある古式ゆかしき店、うんとカジュアルで、お客さんはソファやカーペットに座って思い思いに本を読み、店主は猫とうとうとしている、なんてところもあった。

やがて、自分の好きなジャンルの本が揃っている店に何度も行くようになり、店主に話しかけてみた。言葉はつたなくても、「このお店の品揃えが好きだ」と一生懸命に伝えれば、相手も熱心に聞いてくれて、交流が持てた。美術書、写真集、建築物の本。ニューヨークの本屋の主《あるじ》たちにいろんなことを教えてもらったのも、その後の人生に大きく影響していると思う。

＊

なんでもやってみて確かめれば、「次の実行のためのアイデア」が無限に湧き出す。いつだって「次」を見つけていくことが大切だ。連鎖を起こすこと。そのために「今」がある。

これはどこか恋愛にも似ている。誰かを好きになって、この人と仲良くなって付き合いたいと思うと、いろんなことを考える。

「どうすれば毎日会えるかな」と想像して、その人の通学路を探ってみたり。「どうすればこの人と話ができるかな」と考えてシミュレーションしたり、「どうすれば誘うきっかけがつかめるかな」と趣味を知ろうとしてみたり。

すると、どんどんアイデアが浮かんでくる。親しくなる方法を無限に思いつく。ばかばかしいアイデアばかりかもしれないが、恋をすると、自分はばかになっていく。だが、ばかになることがすばらしいのだ。

ばかになれれば、たとえうまくいく確率が低くても、恰好悪くても、「なんでもやってみて確かめよう」という情熱が、泉みたいにあふれ出すから。ばかになれれば、頭を使わず、思う存分に心を使って動けるから。本当に困って行き詰まった時は、恋した頃を思い出すといい。すべてはつながっているものだから、ばかになれるパワーがよみがえるはずだ。

時にはばかになって進めばいい。

＊

経験して確かめて得たものは、自分だけの正しい情報になる。自分の財産としてずっと残っていく価値がある。これは乱暴な言い方だけれど、自分を成長させたいのであれば、とにかく「歩く、見る、聞く」ことだ。

一九七〇年代に、宮本常一さん監修の『あるくみるきく』という雑誌があり、日本全国、そこの土地ならではの風習や文化、衣食住を、民俗学の視点によって「歩く見る聞く」というコンセプトで取材をしたすてきなものだった。

なんでも検索すればわかってしまう時代だけれど、「歩く見る聞く」にまさる情報収集はないと、僕は今でも思っている。

迷った時、悩んだ時は、自分の身体を使った情報収集「歩く見る聞く」で突破する。

魔法の言葉をもつ

もっと高みに行きたいし、おぼろげではあるが、成功という名の目指す自分のかたちもある。

年齢にかかわらず、人が成長し、変わっていく時は、こんな欲求をもつことがスタートになるのではないだろうか。

欲求とは、あくまでスタートにすぎない。「じゃあ、どうすればいいのか」と考え、勇気を持って行動して、はじめて変化の第一歩を踏み出せると僕は思う。

しかし、若い頃というのは、経験が浅いぶんスキルもないから、どう行動に移せばいいかわからない。

やりきれなさという重石を抱えて、そのまま沼の底に沈む人もいるだろう。

「あきらめて生きる」という深い沼に足を取られると、浮上するのは難しい。

＊

一〇代の終わりから二〇代にかけては、いろいろなアルバイトをしながらアメリカと日本を行ったり来たり。こう書くと恰好良さげだが、生きていくために、ただ必死で暮らしていた。「なにかやりたい」という気持ちはあったから、悪いことでなければ、仕事はなんでもやった。

どうしたら自分の値段というバリューが上がるのか、どうしたら自分がもっといろいろな人と出会えるのかを、いつだって考えていた。

考えて答えが出る知恵もなければ、行動に移せるスキルもない。誰かとつながりをもつには、誰かに会わねばならないが、今みたいにインターネットがない時代、人とコミュニケーションを取るのは一苦労だった。

最初は、アメリカで本屋に通い詰めて目利きになってきたことを活かし、買い集めた珍しいアートブックを売ることから始めたが、それだけで生活を立てるのは難しく、仕事の声がかかれば何でも飛びついた。たとえば、クリエイター紹介のテレビ番組の製作を手伝ったり、ファッションブランドのカタログの編集をしたり、イベントの企画をやってみたり。こう書くと華やかだと思う人もいるかもしれないが、気軽に声がかかる仕事ほど報酬は少ないものだ。

思い返せば、〝ちょっと便利ななんでも屋〟に近かったと思う。三〇代はそんな仕事ばかりで過ぎていった。僕の三〇代は感覚的には一日も休みがなかった。その割にはいつもお金がなかった。けれども当時はそれでもよかった。お金を目的とせず、なんでもやりたいと思っていたからだ。

お金よりも、人とつながれることのほうが、嬉しかった。一番こわかったのは、何もすることがなくて暇である自分であることだった。

三〇代半ばまでは実際に下積みだった。

だが今思うと、自分の力を培うことができたのは、この時期だったと思う。そしてこの時期があったから、精神的に強くなれた。いつも一番下にいたけれど、上を向いていた。下にいるからわかること、見えること、できることもあった。

それでもくじけそうになったり、あきらめて沼の底に沈みそうになったりした時には、いつも魔法の言葉をつぶやいた。

「今に見てろ」

この言葉を、何千回、何万回、唱えたかわからない。

「そんなキャラクターには見えないですよ」と言われるが、心の底から思っていた。僕は何度もつぶやいた、「今に見てろ」と。

もちろん、誰かに勝つ、誰かをやっつける、誰かを見返すという意味ではない。「今に見てろ。僕はまだちっぽけな存在かもしれないけど、いつかもっと活躍して、社会の役に立ち、世の中とかかわりを深く持つから」という意味だ。

魔法の言葉は、自分がぎりぎりまで追い詰められたり、ほんとうに弱ってしまったりした時、最後の最後に出てくる言葉でもあった。

最近、気がついたのは、最後の最後というのは、どん底の底についた時だということ。深いプールの水底に沈んでいって一番底についたら、あとはキックして浮上するしかない。底があるということは、あきらめの沼ではないのだ。

今でも声には出さないけれど、くやしさ、理不尽さ、耐えなければならないことがある時には、魔法の言葉をつぶやく。「今に見てろ」。

自分らしくない。あくどく響いても構わない。自分を奮い立たせる魔法の言葉が、必要な時もきっとあるから。
今日だって大空に向かって「今に見てろ」と唱える。僕の魔法の言葉だ。

すこやかなる野心を抱く

二〇代、三〇代の人と話をすると、成功したい、なにかをやってのけたいという泥臭い野心、限りない出世欲みたいなものが少しばかり薄いと感じる。

高みを目指さなくても生きていける。今は豊かな時代だから、ほどほどでも満ち足りて暮らせるのは本当だ。安心のために同調を確かめる方法もいくらでもある。安くても着心地がいい服はあるし、安いレストランでもおいしかったりする。お金をかけない生き方はナチュラルでスタイリッシュ。無理をしないことがすてきだともてはやされる。生活苦が叫ばれるが、飢えで死ぬ人はほとんどいない日本の社会。

結婚して、子どももいるけれど、「僕はあんまり出世欲がないんです」と言う男性も少なからずいる。「今のままで大丈夫、じゅうぶんだ」と言う。

高みを目指すというのは、仕事や生活のエネルギーの素でもあるが、それがないというのは、どういうことだろう？　彼らのチャレンジ観は、僕とは別のところにあるのだろうか？

否定するつもりは毛頭ないし、それもひとつの新しい価値観だから学びたいとすら思っている。

だが、新しい価値観をもっているわけでもないのに、「みんなが大丈夫だと言っているから、大丈夫だ」と思い、現状に満足している人がいるのなら、気をつけたほうがいいとも感じている。

「自分だけじゃなく、みんなそう」
「自分は多数派だから大丈夫」

こんな考えほど、危ういことはないから。

とはいえ、少数派は叩かれる時代だ。今どき積極的に野心をあらわにする人は、明らかに少数派だから、浮くかもしれない。

だからこそ、僕がもしも今、三〇歳だったら、高みを目指すそんな少数派でありたいと思う。少数派にはなるけれど、競争相手が確実に減るから、チャンスをつかみやすくなる。実績もつくりやすくなる。

成功者と何もなく終わる人の違いが、やった人とやらない人たちの違いであるなら、僕はやった人になるべく、「なにかする人」でいたいと思う。

それはすこやかなる野心ではないだろうか。

僕は競争が決して嫌いではない。勝ち負けというよりも、抜いたり抜かれたりという切磋琢磨は生きる上での刺激になるからだ。いつだって誰かが自分の座を追い越そうと狙っている。もちろん僕も追い越したい座はある。

*

高み、野心、成功というと、言葉のニュアンスだけで嫌悪感を抱く人もいるかもしれない。しかし、僕はここで「大きなことをやろう」という話をしたいわけではない。

自分にできることは何なのかに関心をもち、そこをていねいに磨き、伸ばすことは大切だと思っているだけだ。社会の歯車のひとつとして、役に立ちたいと思っているだけだ。

なぜなら、自分にできることがひとつあれば、それを介して人の役に立てる。社会に貢献することもできるだろう。


人とかかわれば、社会につながる。それができれば、体験したことがないしあわせが手に入れられる気がする。僕は今も、それを目指している。

僕なりの解釈ではあるが、しあわせとは人と深くつながることに尽きる。人に愛される自分になることだ。

自分が持って生まれた「自分のできること」を、他者と外の世界に向かって働きかけていくことが、自己表現ではないだろうか。

それはすなわち、自己表現は一方通行では意味がないということ。受け入れてくれる人、役立ててくれる人がいて、しあわせがかなっていく。僕はそれが夢をかなえることだと思っている。

野心とは、生まれたままの心だ。飾りを取り去った、自分の本質だ。

自分の本質に関心を持ち、大事にすることが、いやしいことであるはずがない。

精一杯を伝える

自分の精一杯を見せることが、突破口をひらく。

だが、これがなかなか難しい。会ったこともない、話す機会もない相手に、どうしたら、自分の精一杯さが見せられるのだろう?

三〇代の初め、僕は、アメリカで買ってきた古書やガラクタを、日本で売って暮らすようになった。コネもなく、店舗も持たずに売るのだから、簡単ではない。

考えあぐねた末にたどりついたのは、手紙を書くことだった。

突然、思いついたわけじゃない。母のやり方を、思い出して真似たのだ。

*

僕の母は、昔から筆まめだった。毎日のように手紙を書いている人だった。

一日に何通も、手紙を書く。いま思うと、あれは友人や親戚宛のものだけではなく、お客さんへのお礼やお誘いだったのだろう。専業主婦だった母は、僕が小学生の頃から、麻雀屋を経営するようになっていた。

男勝りな度胸のよさと、抜群の人あしらい。旺盛なチャレンジ精神を買われて、知人に「やってみないか」と誘われたのだ。

「おもしろそうだから」と始めた雀荘は大繁盛し、母は店の権利を買い取った。

雀荘というのは、たいした設備がいるわけじゃない。特別な料理を出すわけでもない。どこも同じようなものだから、経営者次第というところがある。人とコミュニケーションを取るのがとびきり上手な母が成功した理由は、そのあたりにあったのだろう。僕は店での母の姿を知らないけれど、家でも手紙を書くくらいだから、接客はきめ細やかなものだったのだと思う。

「手紙で始めて、手紙で終わる」

これが母の口癖だった。「電話じゃだめ。手紙は大事よ」とよく言われた。

それでも僕は、手紙なんて書かなかった。若かったし、面倒だし、そんなことは聞いたそばから忘れていた。

＊

もう二〇年も前のことだ。お店を持たず、訪問販売で本を売る仕事を始めた僕の第一の関門は、相手に会ってもらうことだった。当然のようにあらゆる会社や人に電話をかけた。だが、さっぱりアポイントメントは取れなかった。

当たり前と言えば当たり前の話だ。僕が「会いたい」と思って電話帳で調べた相手はみな、「先生」と呼ばれるような人ばかり。デザイン事務所でもカメラマンの事務所でも、よっぽどのことがない限り、本人は電話に出ない。アシスタントの人たちは、突然、得体の知れない人間からかかってきた営業もどきの電話を、忙しい先生に取りつごうとは思わないだろう。「申し訳ありませんが、時間がとれません」と体よく断るのも、彼らの仕事だったのだ。

あまりにも会えなくて困り果てた時、僕は母の姿を思い出した。資料を作り、手紙を添えて送るやり方に切り替えた。

すべて直筆にした。こういう仕事をしていて、こんなふうに日本とアメリカを行き来し、自分で選んだ本を訪問で販売していることを書いた。手紙が着いた頃に電話をして、訪問の約束を取りつけるという目論見だ。

それでもなかなか、アポイントメントは取れなかった。どうしたらいいかと考えていて、また母を思い出した。母は毛筆で手紙をしたためていたのだ。

きれいな筆文字の封筒の表書き。立派な佇まいだと感じる母の手紙。

いっぽう、僕が書いていた手紙は、「とりあえず手紙とやらを書いてみました」という代物。コンビニで適当に買った便箋とボールペンを使い、「どうせ無理だな」と思いながらポストに入れていたのだから、うまくいくはずがない。

投函前の一通を、知らない誰かが書いた手紙のように眺めてみると、「こんなのが来ても、封を開ける気持ちにならないな」と感じた。手書きであっても、礼を尽くした佇まいにはほど遠い。ダイレクトメールと一緒に捨てられても文句は言えないような、貧しい手紙だとがっかりした。

「母が書いていたような手紙にすれば、捨てられなくてすむんじゃないか」

必死の思いで筆ペンを買ってきて、僕は母のやり方に倣った。封筒の表書きはもちろん、中身も筆で書くことにしたのだ。すると、オセロゲームで角を二つ取った時みたいに、白が黒にぱたぱたとひっくり返った。さっぱりとれなかったアポイントメントが、百発百中でとれるようになったのだ。

毛筆の手紙がきたら、特別な感じがする。アシスタントや事務所の人は「本人に見せなきゃいけない」と感動してくれるのだろう。

手紙が着いた頃を見計らって、電話をかけるのは変わらないが、ボールペンの手紙の時とは反応が違っていた。

「先日、お手紙を差し上げた松浦弥太郎と申します」と言うと、電話を受けた人は「ああ、来ていましたね」という反応。珍しいし、目立つから、憶えていてくれるのだ。すぐに本人に取り次いでもらえることも多くなった。

目当ての相手も、「ていねいな手紙をもらって」と感動してくれる。僕の精一杯がつくった手紙という小さな感動が、それこそ拡散していったのだ。

＊

手紙を書くというのは、それだけでていねいな行為だけれど、さらに筆でていねいに書くという、礼儀を付け加えた。これが、その時の僕にできる精一杯であり、相手に伝えたい感動だった。

精一杯さは、ちゃんと突破口を開いてくれたのだ。

僕は今でも、手紙を書くことをとても大切にしている。ここぞという時も書くし、普段も書く。必ずしも毛筆ではなく、あえて普通の便箋に、普通のペンで書くことも多い。ハガキもよく書く。こんなふうに、相手に負担にならない軽やかさが、礼儀としてふさわしいこともあるので、時と場合に応じて使い分けている。

精一杯さを伝えるという手段は、マニュアルにならないことだから。

ものを売るより自分を売る

僕は常に商売人でありたいと思っている。

そして、毎日朝から晩まで考えているのは、商売人として自分は何を売るのかということだ。

商売ということは、お金を出してまで欲しいと思う、人の役に立つ何かであったり、今、必要であることやものを、フェアなやりとりで買ってもらうことである。もっと言うと、その取引によって相手に得をしてもらうことで、商売ははじめて継続できる。

商売の基本は継続である。継続させるためには何が必要なのか。僕はそのことばかりを考えている。そのために今でも精一杯学び続けている。

＊

ずっしりと重い、大きなキャンバス地のトートバッグを、両手にさげて歩く。あの指が千切れそうになる感触は、今でも手のひらのどこかに残っている。

使い込んだトートバッグには、古い本、古いファッション雑誌がびっしり詰まっていた。出かけて行く先は、いろんなファッションブランドのデザイナー。雑誌や広告を手がけるグラフィックデザイナーにも、カメラマンにも会いに行った。

二〇年近く前、あらゆるアイデアの宝庫と言われていた、洋雑誌の五〇年代などのバックナンバーはまだまだ手に入りにくかった。それだけじゃなく、誰も見たことが無いだろうという稀少性の高いアート関係の書籍を見つけてきた、という自負が僕にはあった。

誰も見向きもしなかったものであっても、埃を払い、皺を伸ばし、埋もれていた良いところを見つける。秘められた魅力を、自分なりに引き出す。すると、ガラクタが宝物に生まれ変わる。

みんなが気づかない価値を自分が見出し、それが誰かに認められ、共感してもらえる喜びは、何にも替えがたいものだった。

翻って言えば、自分がいいと思ったものを、心を込めて一生懸命に説明しても買ってもらえないことは、たまらなくつらかった。単純に売れないというより、自分の価値観が否定された気がして落ち込んだ。

さっぱり売れない日々が続いた。あるとき僕は、当時しばしば会っていた尊敬する経営者に愚痴をこぼした。

「どうして売れないかわかりません。僕が選んだ本はほんとうに、すてきなんです」

すると彼は言った。

「君が売りたいものは、たしかにすごいのかもしれないし、すてきなものかもしれない。だけど、ものを売る前に自分を売らなきゃダメだ」

びっくりした。はっとした。衝撃を受けた。

三〇代の初め、この言葉が僕の方向を決めてくれた。

*

「ものを売る前に自分を売れ」

尊敬する経営者に言われてすぐ、僕はその売り方をやめた。トートバッグを両手にさげて行くのは同じだけれど、本を見せるのをやめにしたのだ。

それまで僕は、デザイナーの事務所などを訪ねて行くと、すぐにテーブルにバッと本を広げていた。言ってみれば、「選りすぐりの珍しいものばかりだぞ。どうだ、すごいだろう！」という売り方をしていたのだ。

そのやり方から、変えることにした。まずは自分なりに、一生懸命に挨拶をした。相手ができるだけ快く思ってくれるような礼儀作法を心掛けた。その上で、自分の話をすることにしたのだ。

自分がどういうふうにアメリカに行って、どういうことをしたか。自分が何に感動して、何に夢中になって、そして今、何を伝えたいのか。

とにかく熱意を込め、しかも相手を喜ばせることを意識して話す。そうすると、相手もすごく楽しく聞いてくれるようになった。

「君のおしゃべりはとてもおもしろいな」とどんどん水を向けてくれるから、僕も嬉しくなってどんどんしゃべる。すると、あっと言う間に時間がたってしまう。

「お忙しいと伺っていたのに、すみません。一時間くらいというお約束でしたから、今日はもう帰ります」

本も見せずに僕が帰ろうとすると、ちょっと待ってと言われた。

「君は今日、本を売りに来たんだよね」

「そうですけど、いろんなお話ができたので、今日はそれだけで十分です。楽しかったのでまた出直します」

僕が答えると、相手はこう言った。

「それは悪いよ。本を見せて説明してくれない？」

喜び勇んで説明すると、彼は感動してくれて、買ってくれた。

最初はグラフィックデザイナー。次がファッションデザイナー。カメラマン。そうやって、本を買ってくれる人が、少しずつ増えていった。

やっぱり、僕は順番を間違えていたのだと、つくづく思った。

軽くなったトートバッグを携えた帰り道、人に何かを買ってもらうことの原理原則を学んだ気がした。

ものを売る前に、自分を売る。まず自分を好きになってもらい、自分を買ってもらう。僕を知ってもらい、興味や好意を持ってもらえれば、本に限らず、なんでも売れるという自信ができたのだ。

しばらくすると、買ってくれた人が「こういう本が好きそうな人がいるよ」と、別の人を紹介してくれるという好循環がはじまった。

「アメリカと日本を行き来している松浦弥太郎っていうおもしろい本屋がいるから、会ってやって」と伝えてもらえるようになった。僕の個性みたいなものを、多くの人が自然と広めてくれるようになったのだ。

*

「ものを売る前に自分を売る」とは、営業マンの極意として、よく使われる言葉でもある。しかしこれは、薄っぺらい売り込み術とは違うし、好かれるキャラクターになることでもない。

まず、挨拶で最初の〝点〟をつくる。次に、相手の興味を引く自己紹介をして、もうひとつ〝点〟をつくる。その次には、相手を楽しませる話をして、もうひとつ

〝点〟をつくる。

その点と点をつないでいくのは、礼儀であり、自分なりの精一杯、つまりは一生懸命さだ。

点はささやかで、誰にでもできること。特別なスキルはいらない。

だが、点を増やし、点と点をつなげる礼儀作法とは、自分そのものを伝えることでもあるから、誠実さが肝要だ。点と点がつながり、線ができれば、相手も信頼してくれるようになる。この一連の営みこそ、本物の自己アピールだと僕は思う。

自己アピールが大切であるのは、商売に限った話ではない。

人とつながっていく上での、基本の姿勢だと僕は考えている。そこから商売の第一歩がはじまる。商売とは言葉を変えれば、信用ということである。

次の約束をする

人に何かをお願いし、それが叶うと、僕たちは忘れっぽくなる。うまくいった嬉しさ、よい雰囲気、達成感でいっぱいになって、心がふわふわしてしまう。だからうっかり、きちんとしたお礼をしそびれることがある。

もちろん、会いたかった人にようやく会い、嬉しくてたまらない顔をすることが「ありがとうございます」になるという幸福なケースもある。

だけれど、そんなケースはごく稀だ。

「お会いできて嬉しい」と、言葉にしなくては伝わらない。翌日「ありがとうございました」と自分の言葉で手紙を書かなくては伝わらない。

しばらく時間がたってから、「お目にかかった時に教えてくださったことが、とても役に立ちました。ありがとうございました」と報告して、ようやく相手のしてくれたことにふさわしい感謝の表明にちょっと近づく。

報告するというのも感謝の表し方のひとつだ。

＊

誰かに感謝したい時、然るべき品物でお礼をするやり方もあるにはあるが、報告が大事だと僕は思う。

Aさんから B さんを紹介してもらったら、Aさんに対しておかげさまで B さんとお目にかかって、こんなお話ができました。ありがとうございます、と感謝の報告をする。

困りごとがある時に知恵を貸してもらったら、それでおしまいというのも、いただけない。全力で取り組み、困りごとが一段落したところで、「ご面倒をおかけしましたが、あのプロジェクトは今、こんなふうに半分くらい進みました。ありがとうございます」と報告する。

人を紹介してくれたり、知恵を貸してくれたりする優れた人は、それだけよく気が回るし、記憶力もいい。どんなに多忙でも、「あの時の話、どうなったかな？」

と心の隅っこで気にしてくれている。特に人を紹介するという時は、ある意味、保証人になるみたいな責任も生じるから、心配させているかもしれないのだ。

だから、どんなふうに進んだか、きちんと伝える。これが点を線にしてつながりをつくり、人脈という面に育てていく際、欠かせないことだ。

会いに行って話してもいい。手紙を書いて報告してもいい。

「いただいたアイデアを、こんなふうにふくらませました」

「先日のお話をヒントに、こういう本を書きました。こういう成果がありました」

その人がくれた種がどんな花を咲かせたか、報告することは僕も嬉しいし、相手も喜んでくれる。これは人間関係の基本といっていいのではないだろうか。

ひとりの人の後ろには、何人もの人がいる。人とたくさん出会っていくと、初めて会った人に「ああ、あなたのことは○○さんから聞いています」と言われるようになる。駆け出しの頃の僕は「松浦弥太郎というのはおもしろいから、会ってみるといい」と、活躍している人から人へと紹介してもらったことで、少しずつ顔が売れていった気がする。まわりから自然に宣伝してもらったようなものだ。

すべての出会いは人やことなどあらゆるものにつながって、目に見えないちからで自分を助けてくれている。それだけは確かだ。自分ひとりの力でできることは少ない。

*

アポイントメントを取って本を売っていた頃、かわいがってくれた人がいた。高名なグラフィックデザイナーで、たくさん本を買って支えてくれたし、何人もの顧客になりそうな人を紹介してくれた。彼に教わったことはたくさんあるが、点を線にし、面にすることもその一つだ。

もう一つ忘れられないのは、初めて会った日の帰り際、彼が言ってくれた言葉。

「じゃあ、次の約束はいつにしようか?」

今度は違う本を持ってきてくれというわけじゃない。純粋に、「また会おう」という意味だった。しかし忙しい人だから、言葉だけだと、いつ会えるかわからない。そこでもっと具体的に、「次の約束はいつにしよう」と言ってくれたのだ。こんなすてきな別れ際の言葉を、僕はほかに知らない。

もちろん僕だってまた会いたかったが、図々しく「次はいつ？」と言える立場でないことくらいわきまえていたし、そんなわがままは通用しないと思っていた。だから彼のほうから「次の約束」と言い出してくれたことが、ほんとうに嬉しかった。自分が必要とされているんだと実感できて、自信がついた。

何度も会うことは、人間関係の構築につながる。彼の優しさや気遣いは、かけがえのない教えだった。恋愛関係でもそうだろう。別れ際に、相手から次に会う約束を切り出してもらった時の嬉しさは言葉に表せないくらいだ。

大人になった僕は、ときどき初対面の人に、自分から言うことがある。

「じゃあ、次の約束はいつにしましょう？」

会った人全員というわけじゃない。

「また会いたい」と思える人、「もうちょっと知りたいな」と感じる人がいたらの話だが、相手がうんと歳下でも歳上でも、同性でも異性でも、仕事関係者でもプライベートでも、会う時間と場所を決めてから別れれば、次につながる。

仕事は約束ごとの集まりだったりするから、このやり方を知っておいて損はない。

少なくとも僕にとっては、いいことばかりだ。約束はすぐでなくてもいい。一ヵ月後でも半年後、一年後でもいいのだ。

約束を果たすだけで、お互いの成功体験になる。「この日、この場所で会う」という共通の目標を二人して達成したのだから、立派な成功だ。こうして小さな成功体験を誰かと一緒に積み重ねることも、人間関係の築き方だと思う。

「またこんど、食事でも」と、社交辞令で終わらせる関係より、ずっと豊かだ。

約束し、再会を果たした時は、前回の報告とお礼をする。

「勧めていただいたあの本、さっそく読んだらとても勉強になりました」

「ご紹介いただいた○○さんに、お目にかかりました」

そうするとまたヒントをいただけるし、次の約束までに果たすべき、ワクワクする課題ができる。さらに誰かを紹介していただけることもある。こうして人間関係は、循環していく。約束を増やすことは信頼関係を築くことである、成功哲学の基本でもある。

人との約束は成功の種になる。

大人の嗜《たしな》みを忘れない

三〇代の初めに出会った、たくさんのすてきな大人たち。

彼らから受けた影響はかりしれないし、今も指針にしている。

あの頃の僕は成功している人と出会うたび、憧れ、真似し、見習った。

「どうしたら、こんなふうになれるのかな?」とつぶさに観察していた。

共通していたのは、誰もが挨拶上手であること。常に笑顔での礼儀作法とすてきな振る舞いが身についていること。

笑顔の挨拶と礼儀作法とは、自己紹介であり、自分という人間を知ってもらう一番の方法だと思った。

笑顔で「おはよう」のひと言は、自分の履歴書がわりになるような挨拶になる。

これができる人とできない人の差が大きいのも長年の観察でわかった。

これまでどう生きてきたか、その人のプロフィールを物語るような礼儀作法。

すてきな大人たちはこの二つを、どんな人に対しても弁《わきま》えていた。笑顔の挨拶と礼儀作法こそ、忘れてはならない大人の嗜みだと思う。

*

つい先日、友人に日本料理で有名な店に連れていってもらった。

おいしいと評判で、予約を取るのが大変な人気の店。僕は初めてだけれど、ほとんど常連客ばかりのようだった。みんな立派な仕事をしているようだったし、食通でもあるのだろう。身なりもおしゃれで、もの馴れた振る舞いだった。

だが、僕はちょっと残念な気持ちになった。偶然かもしれないが、客ぶりが悪いのだ。

「行きつけの俺の店だ」という大きな顔で、まるで自分の家にいるような態度。話し声も大きく、ぞんざいな言葉遣いで、聞きたくもないゴシップまで聞こえてくる。

狭い店だから仕方ない面はある。だが、注文の仕方も高飛車に響いた。店の人たちはプロだから、うまく接していたけれど、内心では不快なのではないかと、僕はおせっかいな心配をしながら眺めていた。

自分が若い頃に憧れていたすてきな大人なら決してしないような振る舞いを、自分と同世代の大人たちがしていることが、たまらなく恥ずかしかった。

どきどきしながら、「僕自身は大丈夫だろうか」とわが身を振り返り、点検した。控えめであること。言葉を慎むこと。周りをよく観察してその場の雰囲気を壊さぬこと。それこそ、笑顔で挨拶し、礼儀作法で感謝を表すこと。

もの馴れていることと、図々しいことは違う。高いお金を払っているとはいえ、そこは自分の家ではなく、他人もいる公共の場である。ならばどうするべきか。

自然にリラックスすることと、下品にだらけることは紙一重だ。

料理はすばらしかった。友人と過ごすひとときも楽しかった。

だが、その日の帰り道は、昔、憧れていたすてきな大人たちに教わったことを、ひとつひとつ思い出し、態度と振る舞いはどうあるべきかを考えた。

＊

三〇代の初めに出会ったすてきな大人たちは、味もわからない僕を、行きつけのおいしい店に連れていってくれた。上客だから、店の人は嬉しそうに出迎える。ところが彼らは、行きつけの店であればあるほど、一番悪い席に着くのだった。

「いつも来ているから、トイレに近い端っこでいいんだ」

遠く目立たない席で、おとなしく静かに食べる。馴れた店でも行儀よく、一歩引いた態度を取る。そこには真の意味で場に溶け込む、〝目立たない賢さ〟があった。自分をひけらかさずににじみ出る魅力があった。間違っても「おい、メニューにないアレをつくってよ」なんてわがままは言わない。

彼らの何よりの美徳は、謙虚と謙譲だったと改めて思う。たとえばある高名な写真家は、僕が見つけてきた稀少な写真集を買ってくれる時、こう言った。

「僕ごときが、こんな本を買っていいんでしょうか」

驚いた。彼が買わずして誰が買うのだというくらいの方だったのに。驚いたあとで、感動した。なんて控えめなんだろう。

「自分が、自分が」とアピールする、自己顕示欲のかたまりみたいな人はいなかった。いつも謙虚で、人に譲る優しさをもっていた。

彼らはいつも、目に見えないところでも人に与えることばかりしていた。だから、まわりのほうがいつだって力になり、一緒に何かをしたくなり、守り立てたくなって、自然と成功するのかもしれないと感じたものだ。

たとえば、部下とのやりとり。電話での話し方。店での言葉遣いと態度、振る舞いなど。すてきな大人の行動のはしばしにあらわれていた謙虚と謙譲を思い出すたび、僕はいつも襟を正す。

そう、そう。すてきな大人たちは、どこにいても椅子の座り方がすこぶる美しかった。椅子の座り方ひとつを見ればその人がどんな人なのかすぐにわかる。

「人を助けるもの」は何か

「成功している人は、なぜ成功しているんだろう？」

それが疑問で、どうにかして答えが知りたかった。

三〇歳になったばかりの頃に知りあった経営者は今も僕の恩人だが、彼にずばりと聞いてみた。

「どうしたら成功できるんですか？」

彼は答えというより、ヒントみたいなものをくれた。

「今成功している人、世の中で売れているもの、流行っているもの、なんでもいいからたくさんの人から評価されているものをひとつひとつよく見て、共通点を探してごらん。そうすれば、すぐにわかるから」

僕はそれまで、すごいものをすごいとしか見ていなかった。「なんでかな？」とは思ったけれど、ばらばらにとらえていた。

村上春樹さんの小説をみんなが読む理由。スマートフォンやゲームアプリが人気の理由。あの会社やあのお店、あの人が注目され、成功している理由。それらすべてに共通する理由があるという前提が新鮮だった。マーケティングのようなものだと思うが、世の中の事象をじっくり観察するという方法をはじめて知ったのはその時だ。

*

方法を知っただけでは解決しない。ちょっと考えただけじゃ、わからなかった。ああでもない、こうでもないと悩むたび、その経営者に会いに行った。

「いろいろ考えているのだけれど、答えがわかりません。教えてください」

そのたびに怒られて、帰された。

「簡単に人に聞いて、楽をしようとしてはいけない。もっともっと考えなさい」

この言葉も、僕にとって大きかった。楽してはいけないんだと反省して再び自分で考える。考えてもわからなければ、本を読んで手がかりを見つける。ヒントになりそうなことがあれば、体験してみる。

楽をせず、あきらめずに考えていくということも、僕は彼から教わった。

ようやく答えが出たのは、一年ほどたった頃だったろうか。

「成功している人は、人を助けている。売れているものは、人を助けている。人を助け、役に立つもの。つまり、人の抱えている問題や不便を解決するものが、支持され、売れるのではないでしょうか」

僕が答えを言うと、経営者は机を叩いた。「そのとおり!」と。

成功しているすべてのものは、「人を助けている」。

「助ける」とは「役に立つ」に似ているけれど、「助ける」は、もうちょっと深い。たとえば、コンビニエンスストアは「おなかがすいた」という人を助けているし、「仕事帰り、真っすぐ帰りたくないけれど、バーに行く気分でもないな」という人も助けている。考えてみると「役に立つ」とはやや物理的なもので、「助ける」とは、もっと心理的なものなのだろう。

心に効き目があるものは、人を助ける。

たとえば、村上春樹さんの小説は、この世に存在する、自分が言語化しようにもできない美しさや優しさ、感覚を酌み取ってくれて、物語というかたちで表現してくれている。生きてゆくために勇気づけられたいという人の心を助けている。スマートフォンは、ある人の空虚感やさびしさを助けているかもしれないし、いつも誰かとつながれることで安心感を与えているのかもしれない。便利という人助けをしているのかもしれない。

*

仕事とは「人を助けるもの」を探すこと。これは大発見であり、今も僕の仕事においての理念にもなっている。すべての仕事は、人を助けることだと信じている。文章を書く時には、「この言葉はみんなを助けられるだろうか?」とも考える。新しい企画のプレゼンテーションをする時には、「このアイデアが、みんなを助けることにつながるだろうか?」とも考える。だからこそ、その先にいる様々な人のことを忘れたことはない。

自分の行動そのものも、人を助け、人の役に立つことにつながるかどうかを、いつも考えている。そういう自分もまた、今日も「自分を助けてくれるもの」がどこかにないかと探し続けている。

積み上げたものを崩す

考え、悩み、つらい思いや嬉しい思いをし、人生においていろいろな経験をする。そうすると、次から次へと新たな出会いや発見があり、その度に考え方ががらりと変わる。

ずっと言っていたことが、ある日くるっと、ひっくり変える。

「おいおい、そんなに変わるのか」と、自分で自分にびっくりする。

単純な例を挙げると、ものの少ないシンプルな暮らしが好きだったのに、いろいろなものを楽しみ、文化にひたる華やかな暮らしがしたくなるという具合。

それでも僕は、自分を「なんて軽々しいんだろう」とは思わない。信念という根がぶれていない限り、枝が伸びる時期、葉が茂る時期、花が咲く時期という変化があるほうが自然だと思う。

自分の新しい考え方や新しい意識に興味をもちつつ、それが絶対ではないという自由さ。

それが初々しくあり続ける秘訣だと思う。だから僕は、変化し続ける自分に気づくと、ちょっと嬉しい気持ちがするのだ。

＊

僕の恩人である経営者とは、二〇代の頃に、青山のバーで知りあった。おしゃれな業界人や意識の高い人たちが集まるようなお店。お酒が飲めない僕は、ソフトドリンクを飲むだけだったが、好奇心に駆られて出入りをしていた。スタンディングバーだから、居合わせた客同士が気軽に話せる雰囲気があった。

立ち話をするうちに、「今度、会社に遊びにこないか」と経営者に誘われた。暇を持て余していた時期だったから、よろこんで出かけて行った。

挨拶、礼儀、社交の場での立ち居振る舞い。ベーシックなことはほとんど、その人から教わったと思う。二〇歳ほど歳上だが、うんと大人に見えた。

憧れて、真似をした。しょっちゅう訪ねて行って、その人の話なら何でも聞いた。

「この人の下で一生を終えてもいい」と思うぐらいに、心酔していたのだ。

彼は惜しみなく、自分の知識を与えてくれた。ゆくゆくは僕を自分の片腕にと見込んでくださっていたのかもしれない。

やがて会社の手伝いを頼まれ、僕も恩返しがしたいから一生懸命やった。

だが、しばらくすると、後足《あとあし》で砂をかけるように、僕はその人のもとを飛び出した。ひとりに戻り、フリーランスの道を選ぶことになった。

諍いがあったわけではない。事件が起きてもいない。

飛び出してしまった第一の理由は、僕の中に埋め込まれた強烈な独立心だろう。彼に限らず、お世話になった人のもとにしばらくいると、ある日突然、居ても立ってもいられずに飛び出したくなる。尊敬する人の分身でもある右腕になるより、ただの松浦弥太郎でいたいのだ。

第二の理由は、懐疑心が強い性質。相手のよいところを吸収し、あるところまで成長すると、「この人を越えたい」という欲が生まれる。そして、「この人以上に成長するにはどうしたらよいだろう?」と考え、様々な疑念を抱き、思いのまま質問するようになる。

相手も最初は僕の問いに答えてくれるが、やがて答えられないことも出てくる。誰にも答えられないような難問であれば、どんなにすごい人でも、ちょっと詰まってしまうからだろう。なかには人それぞれで、正解がない問いもある。そうなると、「もう人に聞かずに自分でやってみたらいい」が答えとなってしまう。だが僕はわがままにも答えてもらえないことに不満を感じるようになった。

さらに若い頃は正義感が強いから、矛盾や曖昧さが許せない。これが第三の理由といえるだろう。若い頃の僕は許すということができない人間だった。

もうすぐ五〇歳になる今は、人や物事を許すこと、受け入れることの大切さがとてもよくわかる。会社を経営していくには、矛盾も曖昧さも何事も受け入れるスキルが必要だとわかる。二〇年前には想像すらつかなかったことが、今では理解できる。

恩人である経営者も、許すということを知っていたのだろう。単なる意見の相違を自分勝手に解釈し、飛び出していく僕を、ひとつも責めることはなかった。

＊

僕は変わることが好きだ。今までの自分を否定し、むくむくと頭をもたげてくる何かは、自分の伸びしろみたいなものだと思っている。ほとんどの場合、伸びしろがどこの方向に向かっているのかはわからない。だが、その伸びしろを邪魔すると感じるものについては、猛烈に反発する。それは、昔も今も変わらない。

もしかすると、伸びしろがなくなったほうが、楽なのかもしれない。これまでの人生で学び、苦労し、必死で積み上げてきたかたちのまま固まって、満足するほうが、大人なのかもしれない。

「私はこういう人間で、こういう価値観で、こういうスタイルで生きる」と。

だけど僕は、そんなものはまっぴらだ。いつでもこれまでの自分を壊したい。新しくありたい。

すべての積み木をばらばらに崩し、まったく違う積み方をしていくことが、人生の楽しみだと信じている。そのために、お世話になった人に非礼を働いても、それ以上に自分自身がつらくても、いつでも積み上げたものを壊せる人間でありたい。

*

積み木を崩す責任は、自分自身で引き受けねばならない。勇気もいる。やむを得ない事情で、誰かに悲しい思いをさせ、迷惑をかけることもある。そんな時に大切なのは、まっすぐに「ごめんなさい」と謝れるかどうか。これができない人は、積み木は崩さないほうがいい。

幸い、恩人である経営者との関係が壊れることはなく、今でもつきあいがある。自分にとってメリットのある人と次々と出会っても、最初のひとりになってくれた相手への感謝の気持ちは、ずっと忘れずにいたい。「水を飲む時は、井戸を掘った人のことを忘れない」という中国のことわざがあるように、彼に限らず、お世話になった人たちには、僕はよく手紙を書く。会って食事をする。近況を報告する。「君だって忙しいだろうから、そんなに気を遣わなくてもいい」と言いながら、どの人も、喜んでくださっている気がする。

積み木のかたちは変わっても、僕の中の感謝は消えていない。

この人がいなければ、今の僕はいない。感受性が鋭かった若い頃、この人を見て

「すてきだ」と思ったことが、今も自分を正してくれる。どんなに変わっても、変わらない部分をつくってくれる。

そんな人と人生の一時期を過ごせることは、まごうかたなきしあわせではないだろうか。

日々とは仕事である

身体を使っている時間、頭を使っている時間、心を使っている時間。与えられた二四時間のうち、ほとんどを仕事のために使っていると、今思えるようになった。

何をしていても仕事のことを忘れることはない。それはきっと今の仕事が心底楽しいからだろうし、日々の仕事によって自分が変化し、成長していくのがわかるからであろう。

仕事と暮らしのバランスを考えていた時期もあった。しかし、暮らしのための仕事ではなく、仕事のための暮らしと今は思っている。そうするとバランスを考えることはなくなった。

きっといつからか仕事の意味を僕は改めたのだろう。

「日々とは仕事である」と捉えるようになったのは、わりに最近のことだ。

かつての僕は、「暮らしや生活という基盤がきちんとあって、その上で仕事がある」と信じていた。理想は「ライフスタイル∨ワークスタイル」だと考え、それを目指し、その術《すべ》を説いてきた。

だが、いつしかどうにも無理があると感じるようになった。

社会の一員として日々を送っていると、いつ何時も仕事からはなれることはできない。実際は週に八〇時間は仕事をしている。自分に正直になれば、「人生のほとんどは仕事が占めている」となっているのが現実だった。

若い頃の自分であったら、その事実を認めたくなくてもがいただろう。「暮らしが善で仕事が悪」、「生活が明で仕事が暗」という固定観念に縛られていたのかもしれない。

ようやく「すべては仕事だ」と認め、受け入れたら、とても楽になった。

今までの僕は、無理矢理に暮らしと仕事を区別していた。バランスを取ることばかりにこだわって、本質が見えなくなっていた。だが、仕事と生活は本来、わけられないものではないだろうか。

もちろん、仕事はストレスフルではある。生活が完全なるストレスフリーとは言わないが、仕事にはもっと過酷で厳しい場面がたくさんある。日々はすべて仕事だなんて、なんてつらい、不幸な人生だろうと思う人がいるかもしれない。

だが、ストレスとは学びのための課題であり、人として成長していくためのステップだ。そしてしあわせとは、ゆったりのんびりしている時にも感じるが、苦難を乗り越えた時、深く、強く、心身に沁み入るものではないだろうか。

こうして僕の中に、一八〇度の意識改革みたいなことが起きた。

日々を仕事で楽しく紡ぎ、それによって成長していこうと心が定まった。

仕事は楽しめばいい。ただそれだけのことだ。

＊

「日々とは仕事である」と宣言したら、仕事そのもののとらえ方も変わってきた。

これまでの僕は、プレイヤーとして結果を出すことに強くこだわってきた。フリーランスであろうと会社員であろうと独立志向をもちたい。

会社にもまわりにも依存したくない。

「自分が成果を出したら会社に報酬をもらい、出さなかったらクビも当然」という、プロスポーツ選手の年間契約のような意識で働いていたし、人に対しても「そうあるべきだ」と決めつけていた。世界に飛び出してグローバルにやっていくのなら、絶対に正しい姿勢だと確信していた。

もっとはっきり言えば、「みんなで目標を達成して、みんなで利益を分配しよう」というやり方を、僕は嫌悪していたのだ。

一〇代からひとりで仕事を始めた僕には、頼れる〝みんな〟なんかいなかった。自分の力で社会や人に何かを与えられれば報酬があり、なければゼロ。

自分の仕事が明快かつシビアに数値化されていたので、誰がどんな努力をし、誰が足を引っ張ったかもわからない〝みんなの成果〟というものが、ずるいように思えていた。チームワークを考えるより、〝ピッチャーで四番打者〟みたいなやり方を、全員がしたらいいと思っていた。

いってみれば、個人の実力至上主義だったわけだが、それでも、うすうす気づいていたし、小耳に挟むこともあった。

「仕事における一番大切なことは個人の能力ではない」と。

もしかすると僕は、知っていたのに肯定したくなくて、かたくなになっていたのかもしれない。

「日々とは仕事である」と思うようになった時、そのわだかまりは解けた。

個人の能力より大切なものを、はっきり認められるようになった。

日々とは仕事であり、仕事において一番大切なものは人間関係だ。

この発見は僕にとって、一皮剝けるどころの話じゃない。幼虫が蛹から脱皮して、まったく別のかたちの蝶になるほどの変化をもたらすものだった。

会社に限らず、人が複数集まるコミュニティの中では、数値化できない価値がある。それが人間関係をつくる力だ。

かつての僕は、〝八方美人タイプ〟を嫌っていたけれど、彼らはみんなとうまくやり、人と人をつなげる役割を果たしているのだと知った。

かつての僕は、〝おべっか使い〟を軽蔑していたけれど、彼らには相手を慮《おもんぱか》り、敬意を示せる素直さがあるのだと知った。

いわば、四番打者に匹敵する新たな価値を発見したということだろう。コミュニティの中で一人ひとりが違う役割を果たすことで、四番打者ひとりが頑張っても到底なし得ないことが達成できる。

あまりにもあたりまえの言葉だと思われるかもしれないが、「人はひとりでは何もできないし、ひとりで生きていくこともできない」のだ。

*

僕はタクシーの運転手とおしゃべりをするのが好きだ。あらゆる人を乗せる人たちだから、話題が豊富。転職してきた人が多いから、本人の経験としても、いろいろな仕事の話が聞ける。たとえば先日乗ったタクシーの運転手は、もとは百貨店の外商部に四〇年も勤めていたのだと話してくれた。

彼いわく、外商というのは〝なんでも屋さん〟。あるときは、お金持ちのお得意様のご用聞き。またあるときは、大きな会社や役所の万能調達係。

カタログというものはなく、「お客様がほしいものはなんでも売ります」というのが百貨店の外商らしい。

その人は役所の担当で、「国勢調査用に、ボールペンを億単位で」という注文を受けたことがあるという。

文房具店ではとうてい無理だし、文具メーカー一社でまかなえるはずもない。「ボールペンのキャップはA社、インク軸はB社」というように主要なメーカーに分担してもらい、納期までにどうにかして数をきちんと揃える。

話を聞かなければ想像すらつかない、桁外れの仕事だと驚きつつ、僕はタクシーの運転手に、「そういう仕事の中で、何が一番大切でしたか？」と聞いてみた。その人は、人間関係だと答えた。

「人間関係がないと、何もできません」

個人の能力は仕事に絶対に必要だが、一番必要なことではない。

「ボールペンのキャップが、どうしても三〇〇〇万個足りない」という時、取引のなかったC社に頼み、引き受けてもらえるのは、人間関係の力がある人だ。

「こんな納期じゃボールペンを組み立てられないよ」と言うD社の人に、なんとかお願いしてやってもらえるのは、人にうまくお願いする力がある人だ。

「夢も希望もない話かもしれませんが、仕事というのは人間関係を上手につくって、社内外の誰にもストレスを与えず、都合のいい人でいることが大切です。それが一番の成功の道ですよ」

素直に頷きながら、たぶん外商の仕事に限らない話だろうと僕は思っていた。

とびきり優れた人、特殊なことができる人は、すごい成果を上げるぶん、無理をする。普通以上に頑張り続けて体を壊したり、精神的に参ってしまったりするだろう。

個人の能力だけを追求していたら、仕事人としては長続きしない。

個人の能力だけで一瞬のヒーローになって途中でリタイアするより、個人の能力プラス人間関係の達人になって、みんなでゴールする働き方がすてきではないだろうか。

みんなが気持ちよく働けるようにマネジメントする役割も、大切なのではないだろうか。

日々とは仕事であるなら、人生とは仕事である。仕事とは人間関係である。

仕事に生きるとはどういうことかを、僕はタクシーの中で考え続けていた。

おそらく生涯考え続け、その答えは生涯、変化し続けていくだろう。

仕事の精度を高めたい

ひとつひとつ、仕事の精度を高めていきたい。

四〇代を終えようとしている今、ことさらにそう思う。

自分なりの仕事の哲学を改めていく時期にさしかかったのだろう。このところ、日々の仕事について思いめぐらし、しばらく思索を続けていた。

これまでと同じように、時間と効率、量と質、プロセス、結果と改善といったことにこだわる自分もいるけれど、「結果がすべてか?」という疑問がついてまわる。同時に、「自分が満足していれば結果が悪くてもいいのか?」という疑問もある。社会人として世の中にかかわっていく以上、自己満足していても仕方ない。

ずっと考えていて、ひらめいた。

「これからは、高い精度の仕事を目指そう」と。

仕事の質を追究する、という言葉があるが、精度と質は似ているようで違う。質のもう一歩先の現実的な仕事の測り方が精度であると思う。

精度は質より具体的で緻密だ。より細かな設計図が必要になる。

たとえていうなら、今までセンチ単位でつくっていたものを、ミリ単位でつくるような感覚。そこで生まれる工夫と新しいチャレンジ。スピード感のある改善。そうすることで仕上がった仕事は、いくつもの展開、または目に見えない大きな資産となって、運用の可能性も高まる。精度の高い仕事は種となって成長もするだろう。要するに精度の高い仕事とは発明に近いのだ。否、発明そのものでなければいけない。

では、高い精度の仕事をするためにはどうしたらいいのだろう？

僕が辿り着いた答えは、仕事にさらにこだわりと情熱を働かせるということだった。

＊

それをテーマに本を書いたくらい、僕はセンスについてもよく考えているが、最近発見したのは、「情熱という名のセンス」だ。

「センスがいい」とはいろいろな場面で使われる言葉だが、おおむね美意識や、優れた感覚に根ざすものとされている。

しかし、情熱をたっぷりと働かせることが目に見えてわかるのも、ひとつのセンスではないだろうか。

仕事の精度を高めるには、情熱という名のセンスを働かせること。僕は今、それを目指している。誰よりも深い情熱を働かせられるかどうかにかかっている。

知識や教養、スキルを身につけるのも大事だ。

美意識を高め、感覚を研ぎすまし、考えて感じることも大事だ。

だが、なにかに対して深い情熱を惜しみなく働かせること。これを仕事、人間関係、暮らしの中でできたら、本当にすてきだと思う。

情熱を働かせるとは、「ていねい」からもう一歩、踏み込んだところにある。

手間暇をかけて丹念にていねいにやると同時に、心を働かせて、もっと愛する。

たとえばコップをつくるなら、ものへの愛と使う人への愛がわかりやすく目に見えて表れているものをつくりたい。

たとえば料理をつくるなら、食べものへの愛と食べてくれる人への愛が、じんわりと心に広がる料理をつくりたい。

たとえば本を書くなら、人への愛と、読んでくれる人への愛が、読んでくれた人の心をあたためる本を書きたい。


情熱を働かせた仕事をていねいに紡いでいくことが、今の僕の目標と言える。

精度の高い仕事は、愛情の働きによって仕上げられる。そうした仕事は、人に感動と共感というコミュニケーションを生み、さらに成長し変化をし、世の中で機能していくだろう。

いわば、心を込めるだけでなく、心を働かせるという新しいチャレンジである。

大活躍を目指さない

ある製品のコマーシャルに出演してほしいという依頼が来た。「松浦弥太郎が選んだ○○」とコメントするだけだが、決して軽率なものではない。しかし僕は辞退した。その仕事が自分にとってのスイートスポットではないことが明らかであったし、コマーシャルという大きなメディア発信が、今の自分の仕事のフィールドではないと思ったからだ。

僕の「できること」は、自分が感動したことや、発見したこと、考えていることを文章にしたり、サービスにしたり、編集して人に伝えることだ。

「そんないい仕事を断るなんて」と言う人もいた。三〇代までの自分だったら、チャレンジしたかもしれない。

「仕事というのは人が与えてくれるありがたいものだから、全部引き受ける」という考えはメジャーになるためには大事だろう。しかし、その考えが変容する時期はやってくる。

＊

四〇代になった僕は、少なからず自分のスイートスポットがわかっている。全力でバットを振っても意味がない場所も知っている。

だから、コマーシャルの仕事は辞退した。無駄な球に手を出せば、相手にも迷惑をかけるかもしれないのだ。

「僕ができることは、いただいたテーマに対してサービスやコンテンツを考えることや文章を書くことです。それでしたら、いくらでもやります」

礼を尽くしてお話ししたところ、先方は理解してくださり、宣伝材料としてのエッセイを書くというところで落ち着いた。人が与えてくれた仕事を、そのままなんでも受け取る姿勢は卒業したと実感した出来事だった。

可能であれば、単なる依頼を「自分のできること」という得意な部分に変換して引き受ける。これからはそんな働きかけや提案が大事だし、今の自分の仕事のスタイルになっている。

ささやかであれ、自分からなんらかの提案をすれば「自己発信」となり、責任が生ずる。ただ依頼を引き受けるよりも、一生懸命さが出せるし、愛情も注げる。仕事の精度も上がる。時間はかかるかもしれないが、いい結果も現れるだろう。

仕事を引き受けるとは、怖いことでもある。時には自分が商品として消費されるというリスクも伴う。仕事はまた人との関わりで、いろいろな利害があるから、利用されるだけということもある。くれぐれも注意し、気をつけないと、足をすくわれてしまうだろう。

長い人生の中で、ある時期からは、人の依頼に応えることで一生懸命になり、自分が得意じゃないことをやり続けるのも、あぶないことだ。自分が消耗し、ストレスを抱えてしまうかもしれない。

組織に属していれば、やむを得ない場合もあるが、受け身でいたら、さらにあぶない。命令や指示をできるだけ自分の提案に変換し、「自分のスイートスポットはここです」と発信していくべきではないだろうか。

＊

要するに、四〇代からは仕事を選ぶという意識も必要だろう。

すべての依頼について、すべて自分が打席に立つ必要はない。皆がピッチャーで四番を目指さなくていい。打てるチャンスを、時には人に譲ることも必要だろう。

これからは、大活躍を目指さず、自分ができることに精進する。他人の活躍を守り立て、応援するという仕事もある。

こうした姿勢も、この頃の自分なりの成長の現れのように感じている。

どんな人にも必ずよいところがある。そのよいところを見つけてあげて、その人がもっと力を発揮するには何が必要なのか。人知れずそのサポートに尽力するのも仕事のひとつだと思っている。人を育てるということは一方通行ではない。自分を学ばせ、育ててくれることでもあると知っておきたい。

自分に関係ないことはひとつもない

毎晩七時か八時に家族と夕食をとり、一〇時頃にはベッドに入る。毎朝五時に起きて一日おきだが一〇キロのジョギングをし、八時には職場に行く。こういった規則的な習慣こそ、僕にとって何よりも大切な仕事のひとつである。

「健康管理は大切な仕事」

この考えが根付いたのは、三〇代の終わり。それまでは無茶ばかりしていた。二〇代の頃は、日本とアメリカを行ったり来たり。アルバイトをしたり、ただぶらついたり、その日暮らしをしていたから、生活は滅茶苦茶だった。

ようやくフリーランスとして仕事を始めた三〇代の頃は、今振り返っても、一日たりとも仕事を休んだ気がしない。家族をもち、子どもも生まれ、働かないと生きていけなかったし、仕事そのものがおもしろくて夢中だった。二日くらい寝ないでがむしゃらに働いたこともあった。幸い、倒れることはなかったけれど、生活リズムは完全に狂っていた。

不規則な生活を続けるうちに、自分がどんどんすり減っていることに気づいた。肉体的にではなく、精神的に限界が近づいていた。同時に仕事の質も落ちていった。若い感性と元気さでアウトプットをしてきたけれど、それはずっとは続かない。どうしたものかと立ち止まり、考えた末、規則正しい生活にたどり着いた。

＊

規則正しい生活態度の大切さは、父から教わったことだ。

「塾に行きたい」と言えば行かせてくれたし、「そろばんを習いたい」と言えばやらせてくれたが、父には口うるさいところが微塵もなかった。「もっと勉強しろ」とか「いい大学に行ったほうがいい」とか、言われたことは一切ない。

父は、「頭がいいことよりも、健康であることが大切だ」という考えだった。一番誉められた思い出は、小学校の時に何度か取った皆勤賞である。

昭和の人間である父にとって、真面目に働くことが人生だった。家庭で躾をしたりするより、働いている姿を子どもに見せ、なにかを教えるような人だった。

父は自分で小さな会社を経営しており、アンテナ塔や煙突などの施工を請け負っていた。新しいビルがどんどん建つ、高度経済成長期の話だ。

日本全国を飛び回り、工事がある地に数ヵ月滞在して、現場を仕切る。父の宝物は、自分が作った塔や煙突、アンテナ塔の写真だった。何十個もあるから全部は飾れないけれど、写真を大事に額に入れ、眺めていた。あれは父の誇りだったと思う。


仕事柄、留守がちだった父が、ずっと家にいるようになったのは、僕が中学生になる頃だろうか。父は四〇代半ばで、まだ働き盛りだった。

父はひとりで地方の建設地に赴き、現地で遊び回っている不良じみた若者たちを集めて即席の職人に仕立て、彼らと工事に着手していた。安全基準や規制が今よりずっとゆるやかだった時代だから、できたことだろう。

身軽な人を集め、慎重にやっていたとは思うが、高いところで働くことは、危険が伴う。ある日、現場で事故が起き、ひとりの若者が亡くなった。それに責任を感じて、父は会社をたたんだ。

何かの糸が切れてしまったのだと思う。父はときどき知人の会社の手伝いをしていたが、自分で意欲的に働く感じではなくなっていた。幸い、母が麻雀屋を始めて成功し、家計が苦しくなることはなかったが、罪悪感を背負っている父の様子は、子ども心に痛々しかった。

仕事がない日もあったのに、父は早起きだった。家にいるだけでも身だしなみを整え、決まった時間に家族と夕食をとり、規則正しい生活をした。あれは、父なりの自分を保つ術だったのだろうか。自分に課した〝仕事〟だったのだろうか。

三〇代の忙しかった頃、僕はかつての父の姿をふっと思い出した。そして、仕事が忙しかろうと暇だろうと、できうる範囲で厳しく、規則正しい生活のリズムをきちんと守ろうと決めた。

＊

子どもの頃、父に叱られたことがある。なにかについて「そんなこと僕には関係ない」と口にした時のことだ。

「世の中に起きていることで、自分に関係ないことはひとつもない！」

父は激しく怒った。

目の前で起きていることに対して、父は決してそっぽを向かなかった。過剰に人の世話をするわけではないけれど、目をそむけたり、何事にも知らんぷりをしなかった。そんな性格だから、あの事故は、いくら償っても償いきれない思いだったのだろう。


「自分に関係ないことは何ひとつない」

父はその後も、折にふれて何回も言ったが、それについての説明はなかった。僕なりに考えてみれば、「世界と真正面からかかわって生きていく」「逃げない」ということだと思う。いいことにも、そうではないことにも、まっすぐ向き合う。うまくいった時だけ「私もやりました！」と顔をあげ、失敗した時は下を向いて関係ない顔、という生き方をしない。一人ひとりが世の中の当事者としてコミットしていかなければ、社会人として自立しているとは言えないのではないだろうか。

「自分には関係ない」と何かにつけて言う人がいるけれど、それを言ったらおしまいだし、無関心ほどこわいものはないと思う。常に「自分との関係」を考えることが、すなわち、積極的な生き方ではなかろうか。

すべての出来事に対して、関係がある当事者としてコミットするには、コンディションを整え、いつも準備万端でなくてはいけない。規則正しく生活することは、そのための基本姿勢である。いつも元気であるとは、信用されるための第一歩でもあると思う。

規則正しく暮らせば自分の時間ができる。自分の時間ができればインプットができるし、じっくりものを考えることができる。アウトプットはそれからだ。

三〇代半ばまでの僕の信条は「よく働くこと」だったが、その後の信条は「よく暮らすこと」に変わった。そして今では「暮らし＝仕事」へと変わってきている。

このような自分の変化を僕自身、おもしろいなあと興味深く見つめている。

限りない素直さを

すべてに対して、限りなく素直であること。

自分に関係のないことはひとつもないという姿勢で生きるために、限りなく素直でありたいと思っている。

素直でなければ学びはない。チャンスもないし、出会いもない。

素直でないとは、いわば自分のすべてを閉じてしまうこと。

素直さを失ったら成長が止まる。

その人の若々しさを決めるのは、年齢でなく素直さだと僕は思う。

*

なにごとにも知らんぷりする無関心な人が増えている。

見るものの聞くものに、「わあ、すごい！」と感動する素直さなんて、子どもにすらないという話も聞く。

でも、すべてに無関心だろうか？　そんなことはない。〝自分の物語〟については、無関心どころかものすごく関心がある人が多いのではないかと僕は感じる。

自分の物語は特別で、すてきで、興味深くて、ひとりじめするのはもったいない。だからツイッターやフェイスブックで、さかんにライフスタイルを発表しているのだろう。

SNSとは「社会的なつながりの仕組み」という意味だけれど、利用者の誰もが社会的かと言えば疑わしい。自分の物語を通して人とつながることは大好きだけれど、人の物語にはさっぱり興味がない、そんな人も多いのではないだろうか。

すべて自分が発信しないと気がすまないという人が集まり、お互いに発信だけをしていたら、いったい誰が受信するのだろう。

自分の物語の登場人物は、ごはんを食べた友人、イベントを楽しむ恋人、誕生日を祝ってくれる仲間と、一見すれば多彩だ。だが、素直さをなくし、自分以外に無関心でいると、いつしか登場人物は、ただの舞台装置、ただの小道具になってしまう。自分中心で、自分しか登場しない自分物語を夢中で紡ぎ、自分で読みふけり、それだけでは足りなくて、「誰か読んで！」と発信する。

それは、退屈でさびしい物語になってはいないだろうか。


僕は自分の物語より人の物語が聞きたいし、好奇心がある。

人の物語に興味をもてるかどうか、人の物語を素直に受け入れるかどうかは、たとえば本を読むか読まないかで分かれる気がしている。

読書の習慣の有無を、世代差だと言う人がいるかもしれない。実際、大学生の四割は一ヵ月に一冊も読まないという話を聞き、自分のこと以外に興味がない若い人が多いという証拠を突きつけられたようで、さびしくなった。

僕にとって本は大切なもので、読書とは限りなく素直になる体験でもある。なぜなら、人の物語に素直に耳を傾けるという、極上の経験だからだ。

本を読む時はひたすら受け身になって、著者の主張をそのまま受け入れる。ときどき本を置いて、自分と対話しながら楽しむ読書もあるけれど、それは「考えるための読書」として区別している。

通常の読書は言ってみれば「学ぶための読書」だから、素直であったほうがいい。知らないことを読めば「ほう！」とびっくりし、自分と異なる意見を読めば「なるほど」と受け入れ、思いもよらないことを読めば「なぜ、なに、なんだろう？」と好奇心で受け止める。

これは読書に限った話ではない。

すべての人や事象を、自分の知識や先入観、または人が発信したコメントを読んで、安易にわかったつもりになってはいけない。目に入るものやこと、耳にするものやこと、肌で感じるものやことなどで、人というのはすぐに、良い悪い、好き嫌い、などという判断なり答えを、自分の尺度や価値観で決めつけたがるが、あまりにそれに偏るのは損であると知っておきたい。判断することは、ひとつの安心でもあるから、それはそれで仕方がないことだけれど、なるほど、そうなんだ、という素直な心で受け入れて、少しあたためてみる。ぱっぱと、すぐにゴミ箱に入れないということだ。そうすることによって、自分のドアが大きく開き、見える景色の画角も広くなる。そこからどんどん新しいことを入れて、少しでも興味を持ったら素直に信じる。

「なんでも素直に受け入れたら、騙されたり、損をしたりするのではないか」と不安かもしれないが、損得抜きで、まず受け入れ、素直に信じることが、ひとつの経験となる。結果として失敗しても、いつかしっかりと糧になる。

「なんでも受け入れたら、自分が乗っ取られてしまうのではないか、自分らしさをなくしてしまうのではないか」と心配かもしれないが、それは杞憂だ。時には傷つき、苦しみを味わうこともあるかもしれない。しかし、人生とは、ピカピカの新品のままである自分を守ることではない。

自分の中で、咀嚼し、消化していけば、やがて自分の血肉となる。素直に受け入れた知識は、いつのまにか自分のオリジナルとなっていくのだ。

自分の中で咀嚼し、消化するとは、考えて考えて、考え抜くことだったり、困ってあれこれ工夫することだったりする。これらはあくまで個の営みに思えるが、実はその過程で必ず人が手助けしてくれている。

自分で気がついても気がつかなくても、誰かが手を差し伸べてくれているし、誰かが知恵を授けてくれている。

「誰かが差し伸べる手」とは、具体的な手助けばかりではない。「誰かの知恵」は、的確なアドバイスばかりとは限らない。

　行き詰まってどうしようもない時に、誰かが明るい声で言ってくれた「おはよう」のひと言で、ふっと風穴があくこともある。

　仕事の知恵が足りずに困っている時、ただ、世間話をしてくれた家族の存在が、新たな知恵を自分でひらめく原動力となってくれることもある。

　自分ひとりで成し遂げられることは、実のところほとんどない。僕たちはみな、誰かに助けられ、誰かに与えられ、誰かに支えられている。

　そう考えれば、すべての人を受け止める素直さは、自然に生まれる気がする。


　素直になって、人とリアルでかかわることを受け止めよう。

　目の前に起きていることから、決して逃げない。背中を向けることもしない。ちょっと目をそらすのもやめにしよう。

　いつも正面から、素直に受け止めれば、あらゆることに主体的にかかわれるようになる。いつも当事者になれる。

当事者でなければ、自分らしい物語は紡げないと僕は思う。

頭を使うのをやめてみる

取材で、料理家の先生にご協力願うことになった。若い編集部員と僕の二人で、取材に備えて打ち合わせをした。

若い部員は緊張していたけれど、びっくりするほど完璧な準備をしていた。

自分がこう言って、先生にはこの料理についてこういう話をしてもらい、それに自分が質問して……。まるでシナリオみたいに用意しているのだ。先生がよく使う調味料についても、ありとあらゆることに緻密な下調べができていた。

細かいことはすべて網羅されている。先生に伺わなくても、すぐさま料理のコツの原稿ができてしまいそうな勢いで詰めてある。

だけれど、肝心なことが抜けていた。細部があって核がない。情熱という気持ちがないのだ。

「我々は、なぜ、この先生にお願いしたいのか」

最初はまず、この点を簡潔に伝えるのが基本だと僕は伝えた。

次に「何を知りたいのか」について、ポイントだけわかりやすく話せば、あとは先生を信頼してゆだねる。素直に教わるために時間をいただくのだから、相手の答えまで用意する必要はない。

*

いろいろな仕事の依頼を受ける時、僕はよくこう質問する。

「なぜ、僕を選んでくださったのでしょうか？」

これが一番知りたい大切なことで、あとは二の次というところがある。

選んでくれた理由は、感情的なことでも、単純なことでもいい。

「興味があった」

「本を読んだから」

こんな答えでも充分だ。何がよくて自分を選んだかを知ることができれば、自分がどういう面で役に立てるか考えるヒントになる。

そしてなにより、自分の思っていることを、取り繕わない言葉ではっきりと伝えてくれる人と仕事がしたいと思うから、選んでくれた理由が聞きたい。

レストランでメニューを見ながら注文するようでは、相手には失礼だとも思う。自分にとって、なぜ今あなたが必要で、あなたに何を求めているかをきちんと伝えることが大切だろう。心を使うとはそういうことだと思う。

「もうみんな、頭ばかりを使うのをやめようよ」

僕はしつこいほどに、こう言いたい。

「今日から頭を使うのをやめよう」と、キャッチフレーズをつくりたいほどだ。

無防備になり、ばかになり、頭を使うのをやめれば、自然と心を使うようになる。

心を使わなければ、人は動いてくれない。

「先生のお料理はこう評価されていて、出汁《だし》の昆布と鰹節へのこだわりが、こんなふうにすばらしくて、とくにおつゆに定評があるから、コツを教えていただきたい」

「先生に、一度でいいからお会いしたかった」

心が伝わるのはどちらだろう?

利口に見せることなんて誰でもできる。だが、それがなんになる? 構えて、準備して、正解を探す身構えは、人との間に距離をつくってしまうだろう。

＊

僕たちは、答えを探しすぎている。ピンポイントで正解を得ようと、一生懸命になりすぎている。

見知らぬ国を旅しても、誰も道に迷わない。スマホの地図にガイドをしてもらい、最短ルートで目的地に辿り着く。

目的地は、口コミで一番おいしいと言われる店。確かにおいしいし、失敗もない。食べたら「これだけは外せないスポット」に行き「お勧めの角度」の写真をとる。すでに知っていることを確認するのが旅なのだろうか。新しい発見がなくても、楽しめるのだろうか。

失敗を防ぐことしか考えず、守りの姿勢に入っているのは、人間関係でも同じだろう。相手を傷つけないようにつっこまないし、自分もつっこまれまいと防御する。無難な言葉しか口にしない。たとえ家族でも恋人でも親友でも、無防備な自分でいられないのだ。頭で考え、言うべきセリフを考えてしまう。

人とのつきあいにも正解を求めているから、好きか嫌いかをすぐ決める。「親しくする、しない」と友だちを振り分ける。異性であれば、「恋人になる、ならない」「結婚する、しない」と最速でジャッジする。

たしかに傷つかないかもしれないが、僕だったらつまらないし、ものたりない。せっかく海に行ったのに「濡れたくないから泳がない」と言って、かわいい水着を着てパラソルの中にいるようなものだ。

正解を求める気持ちはわかるし、今の自分にとってのベストな答えというのは、たしかにあるだろう。

だが、ベストな答えも時間が経てば変わっていく。次の瞬間、新しいベストが生まれるかもしれない。それなら、正解を予測するよりも無防備なまま、「よりよいものはなんだろう」と追究していくのが、健全な生き方ではないだろうか。

傷つくことをおそれず、警戒せず、無防備になることが可能性をひらく。

当然ながらリスクはあるが、豊かさ、新しさ、しあわせを見つけるには、頭を使わないという方法しかない気がしている。

古い言葉だけれど、もっと当たって砕ければいい。リスクを承知でぶつかることで、必ず得るものはあるから。

砕けたところで、一巻の終わりというわけじゃない。

砕けたあとは、新しい景色がひらけるのだ。

頭を使うのをやめてみよう。

時には渦から出てみる

誰にでもスランプはある。そう、何をやってもうまくいかず、その余波は人間関係にも及び、元気と自信をまったく失ってしまう時だ。

僕たちは生き物だから、心や身体の調子の波があるし、疲れることも、病気になることもある。環境の変化に振り回されることも多いだろう。また、厄介な現実に手を焼き、気持ちがくたびれてしまうこともある。

しかし、これは誰にも起きることだから、スランプの時にどうやって自分の心の世話をし、それを乗り越えるか知っておいたほうがいい。

一年に一度は風邪を引き、半年に一度はおなかをこわすのなら、常備薬をもっておくのと同じことだ。その時にどう過ごしたらよいのか。

＊

仕事がうまくいかず落ち込んでしまった時、僕は、その時の渦から出て、まったく別の新しいことを考えるようにしている。目の前のことから少し距離を置いて、今の自分は何をしたいのか、何に関心があるのか、心も頭もまっさらな状態をイメージして、ゼロベースで考えてみるのだ。結果として、僕の場合、そういったイメージトレーニングに近い行為が、自分のメンタルを助けてくれる経験を何度もした。

たとえば、こんなことを考える。

「新しい雑誌をつくるなら、どんなものをつくるだろう?」

「どんな雑誌をつくれば、人々がまだ気づいていない新しいニーズに当てはまるだろう?」

その時に思いついたのが「週末」というコンセプトだ。「ウィークエンド(明日はお休み)」という言葉だ。ウィークエンドは誰にでも与えられるものだし、「明日がお休み」という言葉が、たまらなくワクワクする。

あくまでもイメージ上だが、「ウィークエンド」というタイトルのライフスタイル雑誌をつくるために、考えや言葉のあれこれを、紙にスケッチしながら、構想を練ってみる。まるで子どもの遊びのように。

ウィークエンドにつくりたい料理、ウィークエンドに楽しみたい趣味、ウィークエンドのファッション、ウィークエンドのお出かけや旅行、ウィークエンドの休息、ウィークエンドを誰とどんなふうに、など、アイデアはいくらでも生まれる。「ウィークエンド」をキーワードに思いつくままにシミュレーションをしてみる。目の前のリアルな仕事がスランプの時ほど、こういう遊びで楽しむことにしている。楽しめば楽しむほどにアイデアは無限に湧いてくる。「ウィークエンド」をきっかけにして、もっと別のテーマも次から次へと見つけていく。

悩んだり苦しかったりする時ほど、その渦から出てみて、自分が楽しめることは何かを考える。どんなにくだらないことでもいい。あくまでも自分だけの楽しみだからだ。そうすると、なんだかすごく元気になる。希望が生まれる。心がなんだか、ひろびろとする。これはいわば、自分らしさに立ち返るということ。立ち返ることで、失いかけたエネルギーは充電されるだろう。いずれにせよ目的は、好きなことを考えることでの気分転換とストレス解消だ。

これはあくまで一例に過ぎず、僕の好みだ。人によってやり方はいろいろ考えられるだろう。

ポイントは、今の自分の興味や好みを深掘りしてみること。ストレスの元となっている現実と関係のないことをすること。あるいは視点を変えること。

現実から逃避するわけにはいかないけれど、それがたった一日であっても、時には目の前の現実から距離を置いてみることが、向き合わざるを得ない現実との関係を改善してくれる。

「押しても駄目なら引いてみる」

僕はこの言葉が好きだ。

暮らしや仕事において、行き詰まったとき、ひたすら頑張っていても、どうにもならないことはある。あきらめない気持ちは大切だが、自分自身も疲弊していく。もがいても解決しない。ものごとには、時間が必要な場合もたくさんある。

どうしたらいいかわからないときは、「どうしたらいいかわからない」という状態でいいと僕は思う。一歩引いてそっとしておき、その物事と少し距離を取るのだ。

ちょっと休憩という気持ちで休むこともいいだろう。
リラックスして遊ぶことだ。

敵は味方でもある

僕の祖父は、振り幅の大きな人だった。思想的で、激しい人生を送った。人によいこともたくさんしたし、人に迷惑もたくさんかけた。お金がいっぱいあった頃もあったし、ほんとうに困窮している頃もあった。

そんな祖父の生涯変わらなかった魅力は何かと、今思い返してみると、それは人をとても大切にすることだ。

社会的に地位のある人や、自分にとって都合のよい人、好きな人だから、大切にするわけではない。相手がどんな人であっても、祖父は、分け隔てせず大切にしていた。

祖父の家に遊びに行くと、見たことのない知らない人がいっぱいいいた。

「おじいちゃん、あの人、誰?」

幼い僕が尋ねると、「ああ、しばらくうちで寝泊まりしてるな」という調子だ。

家出をしてきた若者、なにかの事情で追われている人、家を捨てて逃げてきた人。居場所をなくした人たちを、祖父は平然と受け入れた。匿《かくま》い、食べさせ、寝場所を与え、世話をした。去る者は追わず、来る者は拒まなかった。

お金を借りに来る人もたくさんいて、祖父は相手が頼んでくる以上の額を、気前よく都合していた。かなりの財力があった頃はもちろんのこと、お金がなくなってからもその調子だったので、祖母はたまらなかったと思う。

「気軽に貸してしまって、返してもらえるあてがあるんですか」

借金の返済のために、やっとのことで金策をして帰ってきたら、夫がそのお金を人に貸してしまうのだから、現実的な女性としては文句を言いたくもなる。

二人のやりとりを聞いていて、子ども心にふうんと思ったのは、祖父の言葉。

「困っている人を助けるのが先だろう」

まさに祖父はそのとおりに生きた。だから晩年になって、自分がお金に困った時も、生活に困ることはなかったのだろう。手を差し伸べ、祖父を助けてくれる人がたくさんいたのだ。

祖父は決して、お人好しではなかった。もっと深いところで人を大切にし、人に愛された。いつも笑顔で人への感謝を忘れない人だった。金の切れ目が縁の切れ目になるような、浅いつき合いはしなかったということだ。

*

損得抜きに、見返りを求めず、できるだけ早く世の中の問題を発見し、実行に移し、どれだけの人を助けられるか。それが自分の力であり、人脈のもとであり、〝社会に対する仕事〟だ。

人を助ける力を蓄えない限り、人脈はできないし、仕事もできない。逆に言うと、人を助ける力を育てれば、人脈も育つし、仕事もできるようになる。

祖父から学んだこの教えは、僕の中に染み込んでいる。

常日頃、自分が暮らしや仕事において、どれだけ人を助けているかが、いざというとき、自分を助けてくれる人がどれだけいるかを決めるだろう。

自分を助けてくれる人の数が人脈であり、知っている人や顔見知りがどれだけいたところで、人脈にはなり得ない。

そしてまた、困った時に助けてくれる人は、必ずしも仲良くしていた人、好きで気が合う人ではない。おそらく人と人とのつながりには、好き嫌いを超えた、人が心を動かすもっと奥深いものがあるのだろう。

＊

知り合ったすべての人は、自分と何らかの関係性がある。組織であろうと仲間であろうと、何かしらの必然があってそこに存在しているのだから。

少なくとも、縁があるとつねづね感じる。縁という言葉で説明しきれない、不思議な糸みたいなものでつながっている気もする。

恥ずかしいことだけれど、僕にも付き合いづらい人がたくさんいる。つい、相手を軽蔑してしまいそうになることも、「許せない！」と思ってしまうこともいっぱいある。

逆に、僕を苦手という人も大勢いることだろう。

苦手な人を無理矢理好きになろうとは思わないが、少なくとも、逃げず、避けないように気をつけている。苦手なら苦手なほど、できるだけ向き合うようにしているし、相手を引き立てるようにしている。

どうせ付き合わざるを得ない関係の相手であれば、「嫌な人だ」と避けたり、意地悪なことをチクリと言ったりするより、存在を認め、尊重したほうがいい。もしかしたら、なにかのきっかけで通じ合えるかもしれない。勝手な先入観や誤解で、「この人はこういう人」と決めつけているだけかもしれない。「相手について自分の知っていることはほんの僅か」という前提で、人間関係を作っていくことが大切ではないか。

こう考えるようになったのは最近だが、遡ってみれば、幼い頃の祖父の姿に影響されたのだと思う。


好き嫌いを超える人間関係で、僕が大切にしていることは二つある。

ひとつは限りなく信じること。

もうひとつは何があっても許し、受け入れること。

人は信じ合い、許し合ってこそ、関係を築けると考えている。

「お互いに許し合うことが大切だ」というと、そんなの馴れ合いじゃないかと誤解されそうだが、許すとは、ありのままに相手を受け入れることだ。

人間はみな、弱くてずるくて不完全だ。全員が悩み、苦しみながら生きている。いつだって何が正しく、何が美しいかの答えを探し、何を選び、何を捨てるかに迷い、それでも答えは見つからない。果てしなく問い続け、みな少しずつ学んでいる。その学びの多くは人からだ。だからこそ人を大切にするべきなのだ。

こうしたお互いの不完全さを認めれば、好き嫌いは些末なこととなる。敵と味方の境界線が消えていく。

やがてどんな人であっても、受け入れることができるのではないだろうか。

苦手な人とは、自分にたくさんのことを教えてくれる人生の教師のひとり。

そう考えれば、あらゆる人を大切にできる。愛することができる。

好き嫌いより大切なもの

この人とは、うまく付き合えない。どうしても好きになれない。苦手、虫が好かない、気に食わない、考え方が違う。こういう感情に悩まされている人は多いのではなかろうか。

暮らしの中や、会社や仕事で付き合う人の中には、自分と合わない人がいるのが普通のことだと思う。だからこそ僕は、人間関係においては、自分の感情にコントロールされまいと決めている。その人が自分にとって大切かどうかは、自分の好き嫌いとはまったく関係のないことだからだ。

＊

長く付き合いが続いている人について改めて考えると、妙なことに気づいた。

僕は彼らに対して、必ずしも濃厚な感情をもっているわけではないとわかったのだ。誤解を与えかねない表現だが、僕はどうやら、好きでも嫌いでもない人との付き合いが長い。

仕事のパートナーとして選んだ人、家族として選んだ人、友だちとして選んだ人というのは、好きでも嫌いでもない、それとは別の感情があるように思えた。そういう人たちは、特別なものを自分に与えてくれるわけでもない。強烈に惹かれて関係が生まれたわけでもない。なんとも不思議だと他人ごとみたいに思っていたが、結局のところ、自分とその人は、とてもささやかな、ある類まれな価値観が、奇跡のようにぴたっと重なっているからではなかろうかと思っている。自分と似ているのだろう。ありきたりに響くだろうが、簡単に表すとこれに尽きる。

似ているとは、好き嫌いを超えた信頼に近いものではないだろうか。

「店を撮影場所として使わせてほしい」

テレビドラマの制作会社から依頼が来たことがあった。店の名もドラマの中でそのまま使いたいというから宣伝になる。使用する時間は閉店後の夜だから、営業には差し支えない。それどころか、撮影場所としての使用料も支払われる。普通に考えたらメリットだらけかもしれない。

しかし、僕はお断りした。僕の店は川沿いのおしゃれな場所と認知されているようだが、住宅用のマンションの一階であり、上のフロアには住民がいる。桜やイルミネーションの季節でなければ、中目黒はのどかな街で、夜はひっそりと静かだ。

それなのに撮影のためのスタッフが頻繁に入れば、いくら気をつけるといっても騒がしくなるだろう。マンションの住民に「こういう撮影を許していただけますでしょうか」と聞いてもよかったが、聞くまでもないと思った。

共同経営者に相談をした。こういう理由で断るつもりと話したら、彼は「オーケー。当然だね」と即答した。「今日は晴れだね」というように、あっさりと。

その時、ああよかったと思った。彼とは価値観が同じだと再認識した。ビジネスをしている人の中には、「宣伝効果を考えたら、やらない手はない」という価値観の人がたくさんいるだろうし、それが間違っているわけでもないのだ。

いい悪いではない。単なる価値観の違いだが、価値観が一致しなかったら、長く一緒に仕事はできないだろう。僕らは一三年一緒に仕事をしている。

自分たちを最優先にしない。これが僕と共同経営者に共通する価値観だと思う。仕事において、なにかを判断するとき、自分たちの都合を真っ先に考えない。いつでも、お客、取引先、スタッフ、関係者優先で物事を考える。

たとえば、『COW BOOKS《カウブックス》』みたいな小さな組織に会社としての規定はないが、アルバイトが辞めていくときでも、僕としては幾ばくかの退職金を渡したい。勤務期間が短くても、次の仕事への餞別にもなるし、「おつかれさまでした」の気持ちを伝えたい。「バイトに退職金なんてなしでいい」という判断もあるだろう。あげなくても、「ひどい会社だ」とは言われない。しかし共同経営者は、検討するまでもなく「もちろん、退職金を出そう」とうなずいてくれる。

自分たちの利益を優先するのではなく、会社やスタッフの新しいチャレンジを優先しよう。

これは『COW BOOKS』を始める時に決めたルールだった。

価値観というと抽象的で、きれいごとになりやすい。だからこそできるだけ具体的に、明確に話しておくといいと思う。

＊

その際は、「自分より何を優先するか」と考えることがひとつの目安になる。

たとえば、「女性を尊重し、子どもを大切にする」という価値観を否定する人は誰もいない。だが、自分の会社で産休を取るという部下がいるとき、心から祝い、自分の仕事の都合より相手を優先できるかといえば、話は違ってくる。

言葉では「おめでとう」と言いながら、内心「この忙しい時に、かんべんしてくれよ」と思っている人は、女性を尊重する価値観をもっていないのだ。

「復帰するかどうかもわからないのに、有給で休むのか」と心で舌打ちしていたら、相手の気持ちや、育児が大切であるという価値観をもたない人だ。

何より、文字通りのハッピーという、自分と縁のある人の、人生の喜びを共有できない人であり、そういう人とは深く関わることは僕には難しい。

このように、価値観というのは案外わかりにくいものだから、深くつながる前に相手の価値観を見極めることが肝心だ。仕事関係でも男女関係でも友だち関係でも、ある一線を越えるのであれば、その一線を越える前にお互いの価値観をしっかりと話し合っておくほうがいい。

特に男女の恋愛関係であれば、「好きだ」という感情に引きずられる。激しく熱い気持ちで価値観の見極めを間違えることもあるだろう。

価値観が違っていても最初のうちは我慢できるが、時間が経つにつれて違和感がつのっていく。激しく熱い感情は逆に時とともに薄らいでいくから、最初に目線合わせなりして、価値観の話し合いだけは忘れないほうがいい。

まずは自分から心を開いて話をするといい。何を大切にしたいのかを。

すてきな喧嘩を心得る

冷や汗をかきながら、うらやましくてたまらない。

人の喧嘩を見ていてそんな気持ちになったのは、ずいぶん昔、ある有名なグラフィックデザイナーの事務所に行った時のことだ。

何十年もコンビを組んでいるその事務所の二人のプロフェッショナルが、感情をむき出しにして大喧嘩をしていた。打ち合わせの約束があり、それを待っている僕という部外者がいるのに、おかまいなしに意見をぶつけ合っていた。ほとんど怒鳴り合いだ。

「すみません。いつものことなんです」

アシスタントは恐縮していたが、ものづくりの現場の迫力を見せていただいた気がして、僕は見とれてしまった。

「いいものをつくろう」と、喧嘩をするぐらい本気の二人が全力投球しているから、作品もすてきなのだ。まるで夫婦みたいに大喧嘩ができる関係性に、嫉妬すら覚えるほどだった。

＊

長きにわたるパートナーと同じ価値観をもつことは大切だが、意見まで同じにする必要はない。むしろ、身近に自分と違う意見の人がいることは大切だと思う。

価値観と考えや意見は別のもの。価値観は深い場所にある基盤であり、考えや意見とは、あくまでもたくさんある中での方法のひとつであって、時と場合によって変化しうるものだ。

大人になればなるほど、人はやわらかさをなくすから、自分と違う意見にふれて、ぼこぼこに叩かれたり、存分に揉まれたほうがいい。

それなのに大人になればなるほど、人はなぜか自分と違う意見を排除したくなってしまう。長く続けば続くほど、組織の意見が単一化し、凝り固まっていくのもこのためだろう。

やわらかさをなくした偉い人が、自分と違う意見をぶつけてくる人を排除する。排除されるのがいやだから、下の人たちが意見を合わせて同調することもある。そこから、よいものなんて生まれない。新鮮な変化は起こらない。

今の僕は、新しく組織に入ってくる人を面接する立場であるが、できる限り、違う意見の持ち主を仲間として迎え入れたいと考えている。

意見が違えばぶつかるが、ぶつかるとは、本当にそれがいいのかを確認する最良の策だ。結果として自分の意見を押し通すとしても、違う意見を言ってもらえれば、いったん立ち止まって考え、よりよくすることも可能だ。ノイズにはノイズならではの価値があるのだ。

＊

異なる意見の持ち主とは、時として喧嘩のように見える議論にもなる。

僕は基本的に、争いごとや喧嘩が好きではないが、それでも自分の一線を越える相手と対峙する時は、ぶつかってもいいし、ぶつかったほうがいい。

仕事でも、プライベートでも、大切に付き合っていく相手なら、「ここぞ」という場面では、自分の感情をぶつけられる人であってほしい。

「どうしてもわかってもらいたい」

「なんとしてでも伝えたい」

この思いが爆発するのは、相手のことが大切だからだ。どうでもいい人に対して、そんな気持ちになるはずもない。肩がぶつかった、口の聞き方が悪いという理由でする喧嘩と、僕がしたい〝すてきな喧嘩〟は大きく異なる。

子どもの頃、週に一度は友だちと喧嘩をしていた。相手は必ず仲が良い子だった。嫌いだからじゃなく、もっと仲良くなりたいから、喧嘩をしていた。二人とも涙を流し、犬ころみたいに取っ組み合いをしてへとへとになり、疲れたほうが「やめよう」と言ってやめになる。

不思議なもので、喧嘩が終わると、喧嘩をする前より仲良くなる。取っ組み合うということで吸収する相手の情報は半端でない。相手のことがよくわかるからだろうか。感情が丸裸になるからだろうか。

大人になった今、取っ組み合いはしないけれど、すてきな喧嘩はできる。それにはまず、お互い丸裸になって喧嘩をすること。気取りを捨てて、本音をむき出しにすること。違う意見でも怯まず、堂々と主張すること。

そうすれば相手の弱さ、優しさを知ることができる。価値観の違いがあぶりだされることもあるが、そうしたら別の道を歩む選択もできる。

さらに、喧嘩の終わりを考えることが大切だ。僕はラグビーの試合で、終了時の合図「ノーサイド」という、戦いが終われば仲間であるという言葉が好きだ。

永遠に喧嘩を続けるわけにはいかない。いつかは終わりが来るものだが、プロレスやボクシングの試合ではないのだ。どちらかがとどめを刺し、勝ち負けをはっきりさせることを、終わりの合図にしてはいけない。

僕が見ていてすてきだな、と思う人は、喧嘩の時に自分から「ノーサイド」が言える。とどめを刺さない。追い詰めない。必ず相手を生かす。

相手の生かしどころを確保して「ノーサイド」と言えること。これぞ、すてきな喧嘩の作法ではないだろうか。

すてきな喧嘩とは、勝ち負けを超えたところにある、相手の心と自分の心の深い愛情のかたち。

特に、とどめを刺すとは相手の顔を潰すことであり、プライドを傷つけることだ。そこから憎しみが生まれ、恨みがにじむ。そんな喧嘩は、意見を磨くことにもならず、関係を深めることにもならず、何らかの解決策にもならない。逆に復讐という、一番怖いものを引き寄せてしまう。

人間は弱いものだから、自分が強いと叫びたくなることがある。普段は紳士的で中庸な人でも、追いつめられると強さや正しさを主張してしまうのだ。「自分が一番強い！　君が負けで、僕が勝ちだ」と。

その時だけは、圧倒的勝利を収められるかもしれない。白黒つけて、すっきりするかもしれない。だが、人生において、永遠に勝ち続ける人はいないのだ。どうしても白黒をつけたいなら、結論は相手に委ねること。自分が勝っていると思っても、勝ち負けのジャッジは相手に任せること。

喧嘩の目的は、もっと仲良くなることだと憶えておこう。

喧嘩をして険悪になるような相手とは、喧嘩をしないのも、大人の賢さだ。

縁を時間ではからない

長く付き合った人だけが、縁がある人だとは思わない。

強く影響を受け、たまらなく惹かれ、お互いその時は不思議な磁力で結びついても、結果として長く付き合うことにならない人もいる。

仲違いをしたわけでもなく、連絡を取らなくなる相手。

大好きだったのに、気づいたら疎遠になる相手。

縁というのは不思議なもので、コントロールすることはできない気がする。

*

人との関係には努力が必要だが、努力しても続かない時は続かないものだ。

「縁はあったけれど、なぜかうまくいかない」という時、自分の願望で関係を引っ張らないことが大切だと僕は考えている。その時の願望は、自利的であることが多いからだ。

関係を深め、踏み込むほうがいいのか、今の状態のままのほうがいいのか。薄らいでいくつながりを、引き止めたほうがいいのか、手放したほうがいいのか。できることならお互いに察し、流れに身を任せたい。たとえ短い期間でも、濃厚な関係の中でお互い学びどころがたくさんあったなら、縁がなかったわけではない。しっかりと縁はあったけれど、「いつかまた」と静かに引いていきたい。

縁は時間ではかれない。長ければいい縁でもないし、短ければ悪い縁でもない。いろいろな縁の中に生かされているのが、人間なのかもしれないから。再会だってあるのだから。

思い返すと、短い縁で終わる関係には二つあるように思う。

ひとつは、人間同士の付き合いではない部分で、お互いが相手を利用し合うもの。

「この人といれば知らない世界が見られる」

「この人の与えてくれる知識が欲しい」

その人の魅力や美しさに惹かれた、というのもあるだろう。損得勘定とまではいかないが、どちらかに目的のようなものがあると、なかなか長く続かない。

もうひとつは、与えているものの量がかたよっている時。

こちらが与えるほうが多くて、向こうからはあまり与えてもらえないと、縁は終わることが多い。ギブアンドテイクのバランスがとれていない関係であろう。最初は気持ちが高まっていて気にならなくても、長い年月が重なっていくと、その差はお互いの負担となって重くのしかかってくる。

与える量とは思いの量でもあり、理想をいえばお互いにプラスマイナスゼロ。同じくらい思い合い、同じくらい与え合う関係が、お互いにいちばん楽なバランスだから、長く続くのかもしれない。

思いの量で縁が続かないとは、ことに男女関係にあてはまることだが、会社での働き方や、友人関係でも、上司と部下でも、親子ですらあるのではないだろうか。

思いの量は、「違うな」と気づくことはあるけれど、はかることはできない。優しさでごまかすこともできるし、思いやりで見えないようにしておくこともできる。ひとつひとつを確かめていくのは、難しい。こわいし、たまらなくつらい。

そこまでして確かめようとしても、何ひとつ確かめられなかったりする。

だからこそ、縁や思いの量というのは、人生の中で、それほどこだわらなくてもいいことのようにも思う。相手をどこまで受け止められるのかという心の容量の差は、常に感情によって変化もするからだ。

＊

続かない縁もあり、思いの量ははかれない。

こんなことを言うと絶望的だと思う人もいるかもしれないが、絶望しないためには、人間は孤独であるという前提を受け入れるしかないと僕は思う。

僕は孤独であることが生きていく条件だと自覚するべきだと思う。

一人ひとりが孤独であるから、縁や思いの難しさがわかり、同じく孤独な人の気持ちがわかる。思いやりも生まれ、優しくもなれる。

一人ひとりが孤独であるから、価値観が合う人や、パートナーとして信頼できる人に巡りあう奇跡に感謝し、慈しむことができる。

身内を疎かにしない

それは決して、強靭なワイヤーロープではない。

なのに僕たちは、絆について誤解している。どんなに引っ張っても、手荒く扱っても、雨風にさらしてほったらかしでも、絶対に切れないと思い込んでいる。

絶対的な絆があるから大丈夫。

そんな思いで、僕たちは大切な家族や身内との関係を疎かにしてしまう。

絆というのは決して強靭ではなく、繊細で、簡単にぷつんと切れたり、ほどけたりしてしまうのに。

＊

「長い付き合いだから、言わなくてもわかってくれる」

「あなたと私の間柄だから、このくらい許される」

絆に甘えていると、いつしか自分がこうありたいと思っていた関係から離れていく。

長く付き合っているカップルや、夫婦であれば、ふとした甘えから、気持ちの交換やふたりでの過ごし方がどうでもいいことになってしまう。

カップルのすべてではないだろうが、最初の三年ぐらいは濃密な関係だが、それからの年月が、名残と惰性で続くだけというのもよくあることだろう。よく知っていたはずの相手の意識が、気づいたら変わっていたということもあるだろう。

変化とは成長だから、人は大いに変化したほうがいい。関係は人の変化に連動するものだから、昨日の関係と今日の付き合い方は同じである必要がないし、むしろ変わっていくべきだ。だからこそ、強い絆を保つには、それを保つためのお互いの努力が必要である。

関係を見直すのは怖いことでもある。夫婦の場合、生涯を共にすると誓った時はぴたりと合っていても、お互い変化し噛み合わなくなったと気づく場合もあるだろう。

変わったという事実に気づき、別れるのは悲しいことだけれど、変わったという事実に蓋をして、一緒にいるのはもっと悲しい。夫婦において、相手に対する様々な感情や思いは一緒に暮らしている以上、いちいちこだわっていたらつらくなるのはよくわかる。あきらめの気持ちも仕方がないだろう。しかし、夫婦間において忘れてはいけないとても大切なことがある。ちょっと堅苦しいかもしれないが、それは何があろうと、相手にひとりの人間としての敬意を払うことだ。それは常に態度や話し方、振る舞いで、相手への尊敬の気持ちを表現することである。

大切な人こそ、お互いの変化をいつも知っておこう。それに合わせて関係を調整すれば、悲しいことにならずにすむ。相手に対する好奇心が減っていくのはある種の自然だが、だからこそ新しい角度での関係を育て、好奇心を減らさない努力が必要だ。

つねに想像力を働かせ、つねに相手を慮る。

「今は何を感じているんだろう？　何を大切にしてるんだろう？」

好奇心と関心を、身近な相手にこそ向けていく。その上で、言葉にしてコミュニケーションをはかることが、絆のメンテナンスとなる。

絆はアクシデントでぷつんと切れるが、放っておいても劣化で切れる。時間が経てば経つほど、ていねいに手入れをしなければいけない。

あうんの呼吸でわかり合える老夫婦というのは、長い歳月、たゆまずきめ細やかな敬意というコミュニケーションを続けているカップルの姿なのかもしれない。

＊

親や家族も身内だが、血のつながりという絆にしても、思いやりというメンテナンスは必要だ。

僕の両親は放任主義みたいなところがある上に、僕も早い時期に独立したため、関係が密とはいえなかった。

「それでも親子だから、一年や二年は会わなくても大丈夫」

長年、そう思って甘えていたが、それは僕の幻想だった。父や母との関係は、気がついた時には親子にしては遠慮がちな、よそよそしいものに変容していたのだ。

僕も年をとり、両親はもっと年をとっていると気づいた時から、お互い努力して、親子の絆のメンテナンスをしている。できるだけコミュニケーションを取るようにし、たくさん話をしたり聞いたりする。

自分の親であっても知らない話が多く、びっくりしたり、嬉しかったり。今後どうすれば、もっといい関係に育てていけるのか、楽しみになってきた。

仕事においても、身内のような存在の人に対して、「信頼関係があるから、いちいち話さなくてもいい」という人がいるが、とても危険だと思う。

気安さ、心地よさが馴れ合いになると、楽な方向、楽な方法になだれこんでいく。一緒に働く人たち、身内のような相手ほど、今まで以上にコミュニケーションを取る機会をつくるように意識している。

暗黙の了解というのは、心地よい反面、あやうい。お互いに誤解していたり、意思疎通ができていなかったりするのに、表面に現れず、なんとなくまとまってしまうことがあるからだ。

つかず離れずの信頼関係は気楽で心地よいものだけれど、その距離をキープするというより、あえて縮めることが必要ではないだろうか。

「ところであの人、ほんとうは何を考えてるんだろう？」と僕がちょっとでも不安に思っているのなら、相手もきっと同じような心配を抱えているはずだ。今すぐ話をする努力をしたい。

＊

絆をメンテナンスする一番簡単な方法は、そのために一緒にいる時間をつくり、できるだけコミュニケーションを取ることだ。

仕事仲間であれば、打ち合わせや仕事とは別に、一緒にいる時間を増やすといい。改まって「ちょっと話そうよ」と言うのも照れくさいから、ランチを一緒にとる、一緒に出かける。お酒を一杯飲んで帰るのもいい。

僕がよくするのが、相手が時間をもてあましている時間に合わせて話しかけること。休憩中に手持ち無沙汰に見えたら、他愛なく話を始める。

大勢でいたらコミュニケーションにならないから、相手がひとりでいる時がいい。自分がどんなに忙しくても、ちょっと足を止めて近寄っていくといい。家族であれば、可能なかぎり夕飯を一緒にとる、時間をつくって買い物についていったりするだけでもいい。

仕事仲間でも家族でも、いきなり二人で何かするとか、おもむろに「最近どう?」と切り出すのではなく、他愛ない世間話でいいのだ。まずは自分の近況を話す。自分のことを一〇話すと、相手は二つ三つ、自分のことを話してくれるだろう。

なにより、一緒にいる時間を増やすことが「あなたを大切に思っている」という意思表示になる。

いつか自分を見つめる時があってもいい

「強くなければ、健康でなければ、これからの時代を生き抜けない」

あたり前のことだが四九歳まで生きてきて、僕はしきりにこう思うようになった。人間力の強さ、そして自分なりのすこやかさが、生きていく上で不可欠だと実感するようになった。

スキルを身につけたり、かしこさという経験値を上げたりすることも大切だ。運動し、体調を管理し、つねにコンディションを整えることも欠かせない。だが、それだけでは足りない。これからの時代は体を鍛えるのと同じように、心も強く鍛えないと生き抜けない。自分らしく生きるという、「自由」であることが、とてもむつかしい時代になってくるだろう。暮らしや仕事において、安心という環境を手にいれることが、さらに過酷になるに違いないからだ。

さもなくば、社会の流れや環境の変化に負けてしまい、押し潰されていくだろう。

年をとればとるほど、孤独は増していく。

たとえば、誰にも必要とされずに老いていくケースもあるだろうし、社会的に上の立場に立てば、下の人との距離ができて孤独になることは多い。

あるいは、親になるということを、孤独を癒す魔法のように思う人もいるかもしれないが、親になるとは、いずれ子どもが自分から離れていく孤独感を味わうことでもある。

同じように、生涯を共にするパートナーがいたとしても、それですべての孤独がぬぐい去れるかといえば違うだろう。

*

こんな話をすると、「自分と似た意見や感覚を持つ人と友だちになるから、大丈夫」と言う人もいる。組織に属していれば、コミュニティやグループができたりもするだろう。そこに安心があることも確かだけれど、絆というほどの強さはないことも真実だ。グループの中でのつながりは、ちょっとしたことでばらばらになってしまう。

孤独は、どんな人でも避けて通ることができない。人は孤独に生まれて孤独に生き、孤独に死んでいく。誰と一緒にいても、誰と心を通わせても、人は孤独だ。

だからこそ、孤独に耐えられる心の強さが必要だと僕は思う。

生きるとは孤独なことだと認識し、受け入れることが、強くなる第一歩であり、すべての人間関係のスタートだ。

孤独は決して、孤立ではない。お互いが孤独だから、人に優しくなれる。自分の孤独をわかるからこそ、相手の孤独もわかるし、人を思いやれる。

そこからしあわせと豊かさが生まれるのだと思う。

「そんな孤独な人生で、一生をかけて、何をしたいのか？」

もしもそう聞かれたら、僕は心を働かせたい、と答えるだろう。

「何に心を働かせたいのか？」

もしもそう聞かれたら、僕は人間を理解するために使いたい、と答えるだろう。

人間という身近で未知なるものが、僕にとっては最上級の関心事であり、人生を賭するに足る、永遠に疑問を投げかけつづける対象だ。そして、その行為にこそ幸福を感じることができる。

永遠にわからないとあきらめるのではなく、生きているうちに人生の中で、少しでも人間について学びたい。答えに近づきたい。ほんの端っこだけでも理解したい。だから出会ったあらゆる人のことを考えるし、あらゆる人のために、僕は心を働かせようとしているのかもしれない。

そしてその中に、僕という人間がいる。

不思議でならない、未知なる孤独な自己がいる。

今はひたすら、出会う人たちを見つめているけれど、いつか自分をしっかり見つめる時があっていい。

孤独を抱えて生きるとは、自分という友だちと生きることでもあるからだ。

人生の問いは、まるで終わらないリングのようだ。

自分を見つめていくとは、「人間って何だろう?」と問い続けていくこと。つらくて、時には涙することもあるけれど、それこそが、究極の学びなのかもしれない。

いつも新しい何かを探し、真摯に自分を見つめて、何ができるのか、何をすべきなのかを考え、行動していきたい。

おわりに

「正直」というタイトルは、ある日突拍子もなく生まれた。我ながら少し戸惑いを覚えている。恥ずかしさもある。しかし、「正直」という文字をじっと見つめていたら、何事にもいつも精一杯に尽くそうという、自分にとっての決め手のような一生懸命、これだけは誰にも負けないという、そんな姿勢が文字の奥に潜んでいるように思えた。

なぜ今、「正直」を思うのか。

それはおよそ九年間務めた「暮しの手帖」の編集長を自ら辞し、新しい道を切り拓こうとしている自分がいるからだ。

四九歳を迎え、自分に残された時間が限られていることをふと思った。あくまで感覚的であるが、現役でいられるのが残り二〇年とした場合、現状に留まる選択も正しいだろう。しかし、新生「暮しの手帖」の完成形をつくり上げた今、新しい世代なり、新しい人材に、自分の席と役目を譲り渡し、自分自身を一度ゼロ設定し、リスクを自覚しながらも、新たなフィールドに飛び込む選択を僕はした。

二四時間、三六五日、「暮しの手帖」を考え続けていた僕には、ひとつの信念があった。それは、人々の暮らしを、豊かに、楽しくするための工夫と発見、実用というハウツー、そして人々の暮らしを育て、守るための、知恵と精神を届ける仕事の根底にあるものだ。なぜ料理をするのか？　なぜ家事を楽しむのか？　の答えでもある。

それこそ正直に、この場を借りて、はじめて書いてみる。

「すべての人が、誰からも愛される人になるために。すべての人が、誰をも愛する人になるために」というのが僕の信念だ。

日々の暮らしと仕事のすべてを、僕はこの信念によって支えている。読んでいただければきっとわかってもらえると思う。これはいわば、人間にとってのしあわせとは何かの僕なりの答えだ。

新しいフィールドの土を踏む際、僕はできる限りまっさらになり、背筋を伸ばして心新たでありたい。手にしているのは、希望と、変わらぬ信念、情熱、そして、自分の意識と細胞すべてを開いた「正直」という心持ちだ。

二四時間、三六五日、「すべての人が、誰からも愛される人になるために。すべての人が、誰をも愛する人になるために」という信念で、これからも僕は精一杯仕事をする。それが自分にとっての「正直」だ。

読者にとってこの本が、たとえ時間がかかったとしても、自分にとっての「正直」とは何かを見つけるきっかけになってくれると心から嬉しい。これからを生きる上で、または新しいチャレンジをする上で、「正直」が自分の決め手となり、信念となることを願う。

「今に見てろ」と心の中でつぶやきながら、夢と希望で胸をいっぱいにして、決してあきらめずに必死になってもがいている、僕と同じような人はたくさんいるだろう。そんな人にこの本を捧げたい。そして、残された人生において、最後の最後まで、自分の情熱を燃やし続けたいと思う人にこの本を捧げたい。

「すべての人が、誰からも愛される人になるために。すべての人が、誰をも愛する人になるために」という僕の信念を一冊にしたいという、河出書房新社の編集者、千美朝さんの情熱でこの本は出来上がった。達ての願いが叶い、ブックデザインは、鈴木成一さんとアシスタントの宮本亜由美さんに手がけていただいた。僕がひとりでしゃべり続けた打ち合わせで、鈴木さんが、本のタイトルとイメージを迷わず決めてくれて、本作りに拍車がかかった。それこそ嘘偽りのない僕の心の弱さと強さがいきいきと描かれている。本当に嬉しい。みなさんが文章をていねいに読んで、本作りに関わってくれたことを思うと、目頭を押さえずにいられない。

ありがとうございました。

執筆中に亡くなった父にもこの本を捧げたい。

この本が出来上がった頃、僕はすでに新しいフィールドにいることだろう。

松浦弥太郎

編集協力　青木由美子

本書は二〇一五年四月、単行本として小社より刊行されました。

正直《しょうじき》

二〇一七年七月一〇日　初版印刷
二〇一七年七月二〇日　初版発行

著者　松浦弥太郎《まつうらやたろう》
発行者　小野寺優
発行所　株式会社河出書房新社
〒一五一‐〇〇五一
東京都渋谷区千駄ヶ谷二‐三二‐二
電話〇三‐三四〇四‐八六一一（編集）
〇三‐三四〇四‐一二〇一（営業）
http://www.kawade.co.jp/

ロゴ・表紙デザイン　粟津潔
本文フォーマット　佐々木暁
本文組版　株式会社創都
印刷・製本　中央精版印刷株式会社

Printed in Japan ISBN978-4-309-41545-1

センセイの書斎　イラストルポ「本」のある仕事場

内澤旬子　41060-9

南伸坊、森まゆみ、養老孟司、津野海太郎、佐高信、上野千鶴子……。細密なイラストと文章で明らかにする、三十一の「本が生まれる場所」。それぞれの書斎は、その持ち主と共に生きている。

大人の東京散歩　「昭和」を探して

鈴木伸子　40986-3

東京のプロがこっそり教える情報がいっぱい詰まった、大人のためのお散歩ガイド。変貌著しい東京に見え隠れする昭和のにおいを探して、今日はどこへ行こう？　昭和の懐かし写真も満載。

地下鉄で「昭和」の街をゆく　大人の東京散歩

鈴木伸子　41364-8

東京のプロがこっそり教える、大人のためのお散歩ガイド第三弾。地下鉄でしか行けない都心の街を、昭和の残り香を探して歩く。都電の名残、古い路地……奥深い東京が見えてくる。

わたしの週末なごみ旅

岸本葉子　41168-2

著者の愛する古びたものをめぐりながら、旅や家族の記憶に分け入ったエッセイと写真の『ちょっと古びたものが好き』、柴又など、都内の楽しい週末“ゆる旅”エッセイ集、『週末ゆる散歩』の二冊を収録！

貝のうた

沢村貞子　41281-8

屈指の名脇役で、名エッセイストでもあった「おていちゃん」の代表作。戦時下の弾圧、演劇組織の抑圧の中で、いかに役者の道を歩んだか、苦難と巧まざるユーモア、そして誠実。待望久しい復刊。

まいまいつぶろ

高峰秀子　41361-7

松竹蒲田に子役で入社、オカッパ頭で男役もこなした将来の名優は、何を思い役者人生を送ったか。生涯の傑作「浮雲」に到る、心の内を綴る半生記。

巴里ひとりある記

高峰秀子　41376-1

1951年、27歳、高峰秀子は突然パリに旅立った。女優から解放され、パリでひとり暮らし、自己を見つめる、エッセイスト誕生を告げる第一作の初文庫化。

私の部屋のポプリ

熊井明子　41128-6

多くの女性に読みつがれてきた、伝説のエッセイ待望の文庫化！　夢見ることを忘れないで……と語りかける著者のまなざしは優しい。

季節のうた

佐藤雅子　41291-7

「アカシアの花のおもてなし」「ぶどうのトルテ」「わが家の年こし」……家族への愛情に溢れた料理と心づくしの家事万端で、昭和の女性たちの憧れだった著者が四季折々を描いた食のエッセイ。

その日の墨

篠田桃紅　41335-8

筆との出会い、墨との出会い。戦争中の疎開先での暮らしから、戦後の療養生活を経て、墨から始めて国際的抽象美術家に至る、代表作となった半生の記。

早起きのブレックファースト

堀井和子　41234-4

一日をすっきりとはじめるための朝食、そのテーブルをひき立てる銀のポットやガラスの器、旅先での骨董ハンティング…大好きなものたちが日常を豊かな時間に変える極上のイラスト＆フォトエッセイ。

アァルトの椅子と小さな家

堀井和子　41241-2

コルビュジェの家を訪ねてスイスへ。暮らしに溶け込むデザインを探して北欧へ。家庭的な味と雰囲気を求めてフランス田舎町へ――イラスト、写真も手がける人気の著者の、旅のスタイルが満載！

巴里の空の下オムレツのにおいは流れる

石井好子　41093-7

下宿先のマダムが作ったバタたっぷりのオムレツ、レビュの仕事仲間と夜食に食べた熱々のグラティネ——一九五〇年代のパリ暮らしと思い出深い料理の数々を軽やかに歌うように綴った、料理エッセイの元祖。

東京の空の下オムレツのにおいは流れる

石井好子　41099-9

ベストセラーとなった『巴里の空の下オムレツのにおいは流れる』の姉妹篇。大切な家族や友人との食卓、旅などについて、ユーモラスに、洒落っ気たっぷりに描く。

女ひとりの巴里ぐらし

石井好子　41116-3

キャバレー文化華やかな一九五〇年代のパリ、モンマルトルで一年間主役をはった著者の自伝的エッセイ。楽屋での芸人たちの悲喜交々、下町風情の残る街での暮らしぶりを生き生きと綴る。三島由紀夫推薦。

いつも異国の空の下

石井好子　41132-3

パリを拠点にヨーロッパ各地、米国、革命前の狂騒のキューバまで——戦後の占領下に日本を飛び出し、契約書一枚で「世界を三周」、歌い歩いた八年間の移動と闘いの日々の記録。

バタをひとさじ、玉子を3コ

石井好子　41295-5

よく食べよう、よく生きよう——元祖料理エッセイ『巴里の空の下オムレツのにおいは流れる』著者の単行本未収録作を中心とした食エッセイ集。50年代パリ仕込みのエレガンス溢れる、食いしん坊必読の一冊。

私の小さなたからもの

石井好子　41343-3

使い込んだ料理道具、女らしい喜びを与えてくれるコンパクト、旅先での忘れられぬ景色、今は亡き人から貰った言葉——私たちの「たからもの」は無数にある。名手による真に上質でエレガントなエッセイ。

人生はこよなく美しく

石井好子　41440-9

人生で出会った様々な人に訊く、料理のこと、お洒落のこと、生き方について。いくつになっても学び、それを自身に生かす。真に美しくあるためのエッセンス。

パリジェンヌ流　今を楽しむ！自分革命

ドラ・トーザン　46373-5

明日のために今日を我慢しない。常に人生を楽しみ、自分らしくある自由を愛する……そんなフランス人の生き方エッセンスをエピソード豊かに綴るエッセイ集。読むだけで気持ちが自由になり勇気が湧く一冊！

パリジェンヌのパリ20区散歩

ドラ・トーザン　46386-5

生粋パリジェンヌである著者がパリを20区ごとに案内。それぞれの区の個性や魅力を紹介。読むだけでパリジェンヌの大好きなflânerie（フラヌリ・ぶらぶら歩き）気分が味わえる！

表参道のヤッコさん

高橋靖子　41140-8

新しいもの、知らない空気に触れたい――普通の少女が、デヴィッド・ボウイやT・レックスも手がけた日本第一号のフリーランスのスタイリストになるまで！　六十〜七十年代のカルチャー満載。

結婚帝国

上野千鶴子／信田さよ子　41081-4

結婚は、本当に女のわかれ道なのか……？　もはや既婚／非婚のキーワードだけでは括れない「結婚」と「女」の現実を、〈オンナの味方〉二大巨頭が徹底的に語りあう！　文庫版のための追加対談収録！

Dr.コパの読むだけでツキを呼ぶ　ことば風水

小林祥晃　41427-0

幸せになるには幸せになるための法則がある！　「ツイてない日は鏡を見よ」「縁が円を作る」等、Dr.コパ秘伝の風水格言（アドバイス）を紹介。誰でもできる簡単アクションで開運生活を！

日本の伝統美を訪ねて

白洲正子　40968-9

工芸、日本人のこころ、十一面観音、着物、骨董、髪、西行と芭蕉、弱法師、能、日本人の美意識、言葉の命……をめぐる名手たちとの対話。さまざまな日本の美しさを探る。

小川洋子の偏愛短篇箱

小川洋子〔編著〕　41155-2

この箱を開くことは、片手に顕微鏡、片手に望遠鏡を携え、短篇という名の王国を旅するのに等しい――十六作品に解説エッセイを付けて、小川洋子の偏愛する小説世界を楽しむ究極の短篇アンソロジー。

小川洋子の陶酔短篇箱

小川洋子〔編著〕　41536-9

川上弘美「河童玉」、泉鏡花「外科室」など、小川洋子が偏愛する短篇小説十六篇と作品ごとの解説エッセイ。摩訶不思議で面白い物語と小川洋子のエッセイが奏でる究極のアンソロジー。

クーデンホーフ光子の手記

シュミット村木眞寿美〔編訳〕　41032-6

明治二十五年、東京の町娘・光子はオーストリアの伯爵ハインリッヒ・クーデンホーフに見初められて結婚、激動の欧州に渡る。夫の死後七人の子供を育て上げ、黒い瞳の伯爵夫人と称された光子の知られざる手記。

読み解き　源氏物語

近藤富枝　40907-8

美しいものこそすべて……。『源氏物語』千年紀を迎え、千年前には世界のどこにも、これほど完成された大河小説はなかったことを改めて認識し、もっと面白く味わうための泰斗の研究家による絶好の案内書！

紫式部の恋　「源氏物語」誕生の謎を解く

近藤富枝　41072-2

「源氏物語」誕生の裏には、作者・紫式部の知られざる恋人の姿があった！　長年「源氏」を研究した著者が、推理小説のごとくスリリングに作品を読み解く。さらなる物語の深みへと読者を誘う。

ヘタな人生論より枕草子

荻野文子　41159-0

『枕草子』＝「インテリ女性のお気楽エッセイ」だが、陰謀渦巻く宮廷で、主を守り自分の節を曲げずに生きぬくことは簡単ではなかった。厳しい現実の中、清少納言が残した「美意識」に生き方の極意を学ぶ。

現代語訳 歌舞伎名作集

小笠原恭子〔訳〕　40899-6

「仮名手本忠臣蔵」「菅原伝授手習鑑」「勧進帳」などの代表的な名場面を舞台の雰囲気そのままに現代語訳。通して演じられることの稀な演目の全編が堪能できるよう、詳細なあらすじ・解説を付した決定版。

現代語訳 竹取物語

川端康成〔訳〕　41261-0

光る竹から生まれた美しきかぐや姫をめぐり、五人のやんごとない貴公子たちが恋の駆け引きを繰り広げる。日本最古の物語をノーベル賞作家による美しい現代語訳で。川端自身による解説も併録。

たけくらべ　現代語訳・樋口一葉

松浦理英子／藤沢周／阿部和重／井辻朱美／篠原一〔現代語訳〕　40731-9

現代文学の最前線の作家たちが現代語訳で甦らせた画期的な試み。「たけくらべ」＝松浦理英子、「やみ夜」＝藤沢周、「十三夜」＝篠原一、「うもれ木」＝井辻朱美、「わかれ道」＝阿部和重。

やまとことば　美しい日本語を究める

河出書房新社編集部〔編〕　41395-2

漢語・外来語を取りこんで成立した現代日本語。その根幹をなす日本固有の言葉＝大和言葉を語る名編を集めた、珠玉のアンソロジー。日本人の心にひびく大和言葉の秘密を、言葉の達人たちが教えます。

手紙のことば　美しい日本語を究める

河出書房新社編集部〔編〕　41396-9

奈良時代以来、日本人は手紙を書き続けてきた。書き方から実例まで、手紙についての名編を集めた珠玉のアンソロジー。家族、友人、恋人、仕事相手……心に届く手紙の極意を、言葉の達人たちが教えます。

高慢と偏見

ジェイン・オースティン　阿部知二〔訳〕　46264-6

中流家庭に育ったエリザベスは、資産家ダーシーを高慢だとみなすが、それは彼女の偏見に過ぎないのか？　英文学屈指の作家オースティンが機知とユーモアを込めて描く、幸せな結婚を手に入れる方法。永遠の傑作。

愛人　ラマン

マルグリット・デュラス　清水徹〔訳〕　46092-5

十八歳でわたしは年老いた！　仏領インドシナを舞台に、十五歳のときの、金持ちの中国人青年との最初の性愛経験を語った自伝的作品として、センセーションを捲き起こした、世界的ベストセラー。映画化原作。

スウ姉さん

エレナ・ポーター　村岡花子〔訳〕　46395-7

音楽の才がありながら、亡き母に変わって家族の世話を強いられるスウ姉さんが、困難にも負けず、持ち前のユーモアとを共に生きていく。村岡花子訳で読む、世界中の「隠れた尊い女性たち」に捧げる物語。

黄金の少年、エメラルドの少女

イーユン・リー　篠森ゆりこ〔訳〕　46418-3

現代中国を舞台に、代理母問題を扱った衝撃の話題作「獄」、心を閉ざした四〇代の独身女性の追憶「優しさ」、愛と孤独を深く静かに描く表題作など、珠玉の九篇。O・ヘンリー賞受賞作二篇収録。

キャロル

パトリシア・ハイスミス　柿沼瑛子〔訳〕　46416-9

クリスマス、デパートのおもちゃ売り場の店員テレーズは、人妻キャロルと出会い、運命が変わる……サスペンスの女王ハイスミスがおくる、二人の女性の恋の物語。映画化原作ベストセラー。

太陽がいっぱい

パトリシア・ハイスミス　佐宗鈴夫〔訳〕　46427-5

息子ディッキーを米国に呼び戻してほしいという富豪の頼みを受け、トム・リプリーはイタリアに旅立つ。ディッキーに羨望と友情を抱くトムの心に、やがて殺意が生まれる……ハイスミスの代表作。